ADÉLAÏDE DE MÉRAN.

Ouvrages du même Auteur.

Angélique et Jeanneton.	2 vol.
Barons de Felsheim.	4
Famille Luceval.	4
Enfant du Carnaval.	2
Macédoine.	4
Tableaux de Société.	4
Folie Espagnole.	4
Mon Oncle Thomas.	4
Cent vingt Jours.	4
M. Botte.	4
Jérôme.	4
Théâtre.	6
L'homme à Projets.	4
M. de Roberville.	4
	56

Tous les exemplaires seront signés par l'Éditeur. — Je poursuivrai les contrefacteurs, conformément à la loi du 19 juillet 1793.

ADÉLAÏDE DE MÉRAN.

PAR PIGAULT-LEBRUN,

MEMBRE DE LA SOCIÉTÉ PHILOTECHNIQUE.

TOME PREMIER.

PARIS,
N. BARBA, LIBRAIRE,
AU PALAIS ROYAL, DERRIÈRE LE THÉATRE
FRANÇAIS, N° 51.

1815.

ADÉLAÏDE DE MÉRAN.

CHAPITRE PREMIER.

INTRODUCTION.

Tu m'as quittée, toi, qui partageas seize ans les jeux de mon enfance! tu m'as quittée pour un mari! Je ne sais rien du mariage; mais il me semble impossible que personne remplace dans ton cœur une amie telle que moi. On peut penser auprès de son époux; mais retrouve-t-on avec lui ces doux épanchemens, ces saillies heureuses, ces traits de gaîté qui faisaient le charme de notre vie? Tu ne le crois pas, puisque tu veux que je t'écrive comme je te parlais; ton mari ne te suffit pas, puisque tu éprouves le besoin de me lire. Je t'avoue franchement que ton absence me cause un vide affreux, et, que t'écrire, c'est soulager mon cœur. Je t'écrirai donc, je t'écrirai tout, mes actions, mes pensées, et je t'adresserai mes cahiers à mesure que je les remplirai.

Tu trouveras dans ce début une teinte de mélancolie qui ne m'est pas naturelle, et que je ne peux attribuer qu'à notre séparation. Je la surmonterai, car, que peut-elle contre un mal sans remède? elle te rendrait moins heureuse, si ton mari possède ton cœur; elle t'affligerait davantage, si tu ne goûtais pas avec lui les douceurs de l'amour, de cet amour dont nous avons si souvent parlé sans le connaître, et que je ne connais pas davantage aujourd'hui.

L'intérieur de cette maison est ce qu'il était quand tu nous a quittés. Mon père souffre toujours de la nécessité de vivre au fond d'une province, confondu avec quelques propriétaires qui prennent avec lui un ton d'égalité qui le choque, et dont la fortune rapide lui paraît blesser les principes rigides dont il a toujours fait profession. Il regrette le temps, où, entouré de complaisans et de valets, chamarré d'or et de cordons, il allait chercher des humiliations à la cour. Il se plaint toujours des Anglais, qui ont sacrifié à Quiberon l'élite de la noblesse française : il leur impute la perte de ses meilleurs amis et des trois quarts de sa fortune. Tout cela peut être très-vrai, son ressentiment peut être légitime; mais moi qui n'ai pas vu cette pompe, ces grandeurs, et qui n'ai rien à regretter, je conçois qu'on puisse oublier le passé, et se trouver heureux du présent, entre une épouse attentive et prévenante, et une fille tendre et soumise. Qu'importe qu'on ait eu cent mille écus de rente, lorsqu'ils sont perdus sans retour, et que, de cette immense fortune, il reste encore une terre qui produit au-delà de nos besoins? Ma mère, tu le sais, administre sa maison avec une économie qui n'est pas sans dignité, et qui permet de mettre tous les ans quelque chose en réserve. Que de motifs de consolation pour mon père! que de raisons pour moi d'être satisfaite de mon sort!

M. de Méran continue à me traiter comme un enfant. Il ne me marque aucune confiance; il ne parle de ses affaires à ma mère que lorsque je suis absente. J'ai cependant seize ans, et il sait combien je lui suis attachée. Mais il m'a vu naître, grandir; il a contracté l'habitude de me voir telle que j'ai été long-temps, et de me traiter en conséquence. Cette espèce de bizarrerie n'influe en rien sur ses sentimens pour moi ; c'est un excellent père, quoiqu'il s'épargne la peine, ou se prive du plaisir de le paraître. Ma bonne mère s'efforce de me dédommager de cette réserve austère, et elle y réussit à peu près.

Nous avons depuis quelques jours le propriétaire de très-beaux herbages qui touchent à notre parc, et qui s'étendent jusqu'aux portes d'Argentan. M. Rigaud est un bonhomme, qui rit facilement, qui a de l'esprit naturel, pas la moindre prétention, et qui, en deux ou trois visites, a plu à mon père, à un tel point, qu'il est presque commensal du château.

Voici comment il a réussi auprès de M. de Méran. Il a demandé la permission de lui offrir son *hommage respectueux*, par une lettre assez bien tournée, et si remplie d'égards, que les portes lui ont été ouvertes aussitôt. Il s'est présenté avec aisance, mais avec une politesse et des marques de déférence qui ont disposé en sa faveur. Il a constamment refusé un fauteuil que ma mère avait fait avancer près de celui de M. de

Méran ; il a pris une chaise, a parlé peu, n'a jamais interrompu, et a laissé entrevoir pour l'ancienne noblesse une estime, une considération qui lui ont concilié tout-à-fait les bonnes grâces de M. de Méran.

Mon père lui a proposé une partie d'échecs, honneur qu'il n'a fait encore à aucun de nos voisins. M. Rigaud a accepté par une profonde inclination. Il a perdu trois ou quatre parties de suite, et cette manière n'est pas la plus mauvaise de bien faire sa cour. Il a déclaré enfin qu'il s'avouait vaincu, et que, pour acquérir une certaine force à ce jeu, il faut avoir été officier-général : il a été prié à dîner pour le lendemain.

Je n'ai plus à te parler que de Jules, instigateur, inventeur, coopérateur de nos jeux enfantins. Il y a trois ans, je chantais, je sautais, je courais, je folâtrais avec lui ; maintenant sa taille, son air, ses vingt ans, m'inspirent une réserve que je condamne, mais que je ne saurais vaincre. C'est surtout lorsque je suis seule avec lui, que je sens combien tu m'étais nécessaire, et quelle est l'importance de la perte que j'ai faite. Je te disais tout, et souvent je ne trouve pas un mot auprès de Jules. Il est aussi silencieux que moi. Nous marchons l'un à côté de l'autre; nous faisons dix fois le tour du parc; nous rentrons sans avoir parlé de toi ni de nous, et nous appelons cela nous être promenés.

Hier, mon père a reçu une lettre de l'oncle de Jules, M. d'Estouville. Il est rentré dans la totalité de ses biens. Il remercie M. de Méran des soins qu'il a donnés à l'éducation de son neveu, et il le prie de lui envoyer le jeune homme à Paris, où il se propose de lui donner un état conforme à sa naissance. Mon père a lu la lettre à haute voix, et je ne sais pourquoi M. d'Estouville m'a déplu pour la première fois.

Tu n'as pas oublié que le marquis de Courcelles, père de Jules, était l'ami intime du mien ; qu'il a été tué à Quiberon, à côté de M. de Méran, et qu'il l'a conjuré, en mourant, d'avoir soin de son fils. Mon père l'a promis, et tu sais avec quelle scrupuleuse exactitude il a rempli cet engagement. Par la volonté de M. de Courcelles, par une suite de soins tendres et soutenus, M. de Méran est devenu le second père de Jules, et je ne crois pas que personne ait le droit de lui ôter son pupille. Je conçois que M. d'Estouville, jouissant aujourd'hui d'une grande fortune, se conduise en homme délicat; mais je crois qu'il aurait tort d'insister, et qu'il doit laisser à mon père la satisfaction de jouir de ses bienfaits. Qu'il fasse une pension à son neveu, qu'elle soit considérable, il le peut, puisqu'il n'a point d'enfans ; mais qu'il laisse Jules dans une maison qui, depuis quinze ans, est la sienne, où il a ses habitudes, ses plaisirs, dont il n'a jamais pensé à s'éloigner, et que les propositions de son oncle semblent lui rendre plus chère. Il a pâli, rougi, pendant que mon père lisait ; son grand œil bleu se portait, d'un air suppliant, sur ma mère et sur moi. Je ne peux rien, et ma mère bien peu de chose. Le cœur de M. de Méran a prononcé seul, et conformément à nos vœux. Il a déclaré que jamais il ne renoncera aux droits dont le marquis de Courcelles l'a investi. Il a ajouté que ses preuves sont consignées dans un certificat de MM. Merseuil et du Fernage, qui ont entendu, recueilli les dernières paroles du marquis de Courcelles, et qu'il est décidé à faire valoir cette pièce, si on l'y contraint.

Les yeux de Jules se sont remplis de douces larmes ; il s'est levé, s'est allé jeter aux genoux de mon père, qui l'a relevé, et l'a pressé dans ses bras. Je tenais, je ne sais comment, le bas de l'habit de M. de Méran : je l'ai porté sur mon cœur, par un mouvement irréfléchi, involontaire. Mon père s'est tourné de mon côté, m'a embrassée avec une tendresse qu'il ne m'avait jamais marquée. Ma mère a souri.

Nous nous sommes séparés. J'ai été essuyer mes yeux dans ma chambre. Jules a traversé le corridor en essuyant les siens; il s'est arrêté à ma porte : je l'avais laissée ouverte; il s'est avancé, il a reculé; je suivais tous ses mouvemens dans ma glace. Un soupir a frappé mon oreille, et a produit sur moi un effet que je n'avais pas éprouvé encore. Je suis entrée dans mon cabinet; j'ai pris un livre, je l'ai jeté; j'en ai repris un autre, qui m'a déplu autant que le premier. J'ai regardé mes petits oiseaux, que le printemps semble ranimer, et j'ai soupiré à mon tour. Je suis descendue par mon escalier dérobé; je me suis enfoncée dans le parc. J'ai vu de loin M. et madame de Méran, qui paraissaient causer avec intérêt et chaleur. Je les ai abordés : la conversation a changé d'objet. Jules nous a joints; il m'a offert son bras; je l'ai pris en rougissant. Mon père et ma mère se sont regardés, et ont souri encore. Nous sommes rentrés.

CHAPITRE II.

Premières anxiétés d'un jeune cœur.

Tout ce qui s'est passé hier me paraît un songe, une illusion. Tantôt je m'abandonne à mes souvenirs, tantôt je frémis, en pensant à des incidens qui m'ont séduite, entraînée, et qui, peut-être, ne me préparent que des peines. Pourquoi Jules a-t-il rougi, pâli, lorsque mon père a lu l'article de la lettre de son oncle, qui l'appelle auprès de lui ? pourquoi m'a-t-il regardée avec tant d'expression, lorsque ses yeux et sa bouche sont restés muets à l'égard de mon père ? pourquoi s'est-il jeté aux pieds de M. de Méran avec la vivacité, le délire d'un homme à qui on vient d'accorder plus que la vie, quand il a eu la certitude de ne plus nous quitter ? Que signifient ces larmes brûlantes qui tombaient sur ses joues ? comment se fait-il que ma reconnaissance ait égalé la sienne, et que je l'aie marquée à mon père d'une manière aussi positive ? qui a fait couler mes larmes ? pourquoi ai-je été les cacher ? quelle crainte a empêché Jules de franchir le seuil de ma porte, et d'entrer dans une chambre qui lui a été ouverte dans tous les temps ? par quelle raison ma lecture chérie m'a-t-elle paru insupportable ? par quelle puissance deux pauvres petits serins ont-ils fixé mon attention ? d'où vient ce soupir qui m'est échappé en les regardant ? quelle sensation nouvelle, et inconnue jusqu'alors, m'a fait rougir quand Jules m'a offert son bras, et que je l'ai accepté ? qui a fait sourire M. et madame de Méran à l'aspect d'un trouble que j'aurais voulu cacher à ceux qui m'entourent et à moi-même ? C'est ce sourire qui fait naître quelquefois des espérances, peut-être bien mensongères.

Je ne finirais pas, et ce chapitre serait tout en questions, si je ne réfléchissais que jamais je n'ai rien éprouvé de semblable auprès de toi, et si cette idée ne suffisait pour m'éclairer sur ce qui se passe dans mon cœur. Que ne donnerais-je pas pour t'avoir ici! Nous parlerions..... de ce dont je ne peux parler qu'à toi. Ton absence me condamne à un silence absolu. Jules, à chaque instant plus réservé, plus timide, me cherche et m'évite à la fois ; il me regarde ; il semble qu'il ait quelque chose à me dire : j'écoute, j'attends, et il se tait. Mon père me parle rarement, et toujours de choses indifférentes. Madame de Méran m'entretient d'affaires domestiques, et d'aujourd'hui, je n'entends plus rien de ce qu'ils me disent. Suis-je libre un instant, je vais dans le parc me recueillir, penser.... à quoi ? à qui ? ai-je besoin de le dire ? Mon cœur bat, mon sein se gonfle; je soupire, et je ne me soulage pas; je pleure, et, confuse, humiliée, je m'échappe dans la campagne. Je rentre furtivement; ma bonne Jeannette répare le désordre de ma toilette, n'en parle à personne, et moi je pense qu'elle doit me prendre pour un enfant; que ma conduite est bizarre, déplacée. Je me promets d'en changer, et le jour suivant ramènera les mêmes sensations, les mêmes extravagances. Je n'ai lu de ma vie qu'un roman, que le hasard a fait tomber sous ma main; j'ai ri aux éclats du grand sérieux des personnages, de l'importance qu'ils attachaient à ce que je croyais n'être que des bagatelles. Je ne rirais plus, si je relisais ce livre aujourd'hui. Non, ma chère, ce n'est pas ton absence seule qui me rend distraite, rêveuse, mélancolique; je conçois maintenant que tu aies pu quitter ton amie pour suivre un jeune homme bien fait, aimable, que t'ont présenté tes parens.

La naissance, la considération publique, la fortune, tout était égal entre vous. Jules n'a pour lui que l'amitié de mon père, et il est un âge, dit-on, où les sensations s'émoussent, et où l'esprit de calcul les remplace. Il m'est impossible de prévoir ce qui m'est réservé. Je sais bien ce que je désire : je n'ose le dire qu'à toi.

Quel chemin effrayant m'a fait faire en un jour une lettre que j'eusse entendue avec la plus parfaite indifférence, si Jules n'en était l'objet ! Que dis-je ? Le feu existait ; il était concentré ; un incident très-simple a suffi pour le développer ; où s'arrêtera l'incendie ? Parlons d'autre chose.

J'ai jugé M. Rigaud bien légèrement. C'est un homme d'un mérite distingué. Il a porté l'art de la mécanique au-delà de ce qu'on osait en attendre. Il est l'inventeur d'un métier qui travaille la laine depuis la tonte jusqu'à la dernière perfection du drap. Cette machine, de cent vingt pieds de longueur, est divisée en compartimens : dans le premier, la laine se lave ; elle sèche et elle est cardée dans le second ; elle se teint et se file dans le troisième. Le drap se tisse plus loin, et il sort du métier émondé et lustré. Chaque mécanique peut faire vingt aunes de drap en quinze heures, et un enfant suffit pour conduire l'ouvrage.

M. Rigaud se propose de faire fabriquer jusqu'à cent métiers et d'obtenir la fourniture d'habillement de l'armée. Son drap n'aura pas la finesse, le moëlleux de celui de Louviers ; mais il sera à un prix tel que le gouvernement économisera soixante-quinze pour cent sur cet objet, et cette étoffe sera d'une grande utilité pour la classe indigente du peuple.

M. Rigaud parle de tout cela avec une modestie dont je lui sais bien bon gré. Il me semble qu'à sa place, j'aurais un peu de vanité. Il n'a pu cependant résister au désir de nous faire voir les différens rapports qui ont été faits sur sa mécanique et qui sont autant d'éloges complets. Ce mouvement d'un juste orgueil est tellement naturel, qu'il ne peut donner lieu à aucune réflexion.

Le local qu'habitait à Paris M. Rigaud, est beaucoup trop resserré pour une entreprise de cette importance. Il va faire construire de vastes hangars sur sa terre, et ses ouvriers lui enverront ses métiers, à mesure qu'ils seront confectionnés. Ces bonnes gens ne se connaissent pas entr'eux. Les menuisiers, les serruriers, les boureliers, ont été pris aux plus grandes distances possibles les uns des autres, et chaque individu fabriquera toujours une même roue, ou telle autre chose dont il lui sera impossible de prévoir l'emploi. M. Rigaud a jugé cette mesure indispensable, pour s'assurer le secret et la propriété exclusive de sa découverte. C'est lui-même qui montera ses métiers.

Celui qui existe, arrivera ce soir dans des caisses fermées avec son cachet, et sous la surveillance de gens sur qui il peut compter. Il propose à mon père de lui faire voir demain quelques essais. Cette offre a été acceptée avec une politesse qui m'a paru tenir de la reconnoissance.

Je te parlerai souvent de M. Rigaud. J'ai besoin de lui pour éloigner des idées qui me séduisent quelquefois, mais qui souvent m'effrayent. Combien je me repentirais plus tard de m'être livrée à un penchant bien doux, ma Claire, mais qui n'auroit attiré sur moi que des chagrins ! cependant mon père et ma mère ont souri, en voyant l'embarras de Jules et le trouble que je ne pouvais cacher. S'ils n'avaient le dessein de mettre le comble à leurs bienfaits, laisseraient-ils avec moi, toujours avec moi, un jeune homme beau, bien fait, aimable... Aimable ! Il ne l'est plus depuis qu'il est muet. Comment fait-on parler un homme qui aime et qui s'obstine à se taire ? Dis-le-moi, mon amie, toi qui es maintenant plus instruite que moi.

Oh ! oui, oui, M. et madame de Méran ont des projets. C'est à cette idée que je m'arrête. Je la caresse et je la conserve soigneusement au fond de mon cœur. Elle me rendra heureuse aussi long-temps qu'elle existera, et s'il faut y renoncer, il sera temps alors, non de me plaindre, mais de gémir en secret.

Tout-à-l'heure, je parlais de toi à maman, de ton mariage, de ton époux.

J'avais un œil à mon ouvrage, l'autre épioit la vérité dans les traits de ma bonne mère. J'ai parlé du bonheur qui résulte d'une union bien assortie, avec une chaleur qui, je crois, ne m'est pas ordinaire. L'étonnement s'est peint dans les yeux de madame de Méran. Je me suis tue et presqu'aussitôt j'ai surpris un sourire imperceptible, qui m'a fait connoître qu'on pénètre mes projets, et qu'on ne les blâme pas.

M. Jules était présent. Il a rougi à son ordinaire et n'a pas daigné proférer un mot. Cet homme-là aurait-il la prétention de me pénétrer aussi? Ne l'a-t-il pas déjà fait? Je ne m'en consolerais point. Laisser lire dans son cœur, c'est en quelque sorte se déclarer la première, et je sais qu'une jeune personne qui ne peut s'empêcher d'aimer, doit au moins être impénétrable.

Que les hommes sont heureux! Rien ne les empêche de chercher à plaire, de dévoiler leur âme à l'objet qui les a charmés, de solliciter un aveu si doux à faire, et qui, je le sens, doit porter dans tout notre être une ivresse, une vie jusqu'alors inconnues. Jules est un homme et il se tait !.... Peut-être n'a-t-il rien à me dire.... Je te mens, Claire, je me mens à moi-même. Il me diroit beaucoup, s'il pouvoit vaincre sa timidité. Qui peut le rendre craintif à ce point? Ai-je l'air si terrible? Mon caractère est doux, et ma physionomie peint, dit-on, mon caractère. Éloignons ces réflexions. Attendons avec calme qu'il plaise à ce beau monsieur-là de parler. Avec calme! je suis piquée, très-piquée, et je le lui prouverai à la première occasion.

La voilà; elle se présente d'elle-même. Nous sortons pour aller prendre le frais dans la prairie. Il avance d'un pas, il recule de deux, comme il a maintenant la mauvaise habitude de le faire. Il voudroit m'offrir son bras ; moi, je prends celui de mon père.

Il est mécontent, il fait la moue. Tant mieux. Qu'il donne la main à madame de Méran. C'est ce qu'il fait ; c'est tout ce qui lui restoit à faire. Oh! comme il me regarde! pauvre enfant! je suis presque fâchée de ne l'avoir pas attendu. « Que regardez-vous donc toujours « derrière vous ? me dit M. de Méran. « N'avez-vous jamais vu votre mère ? » Ces expressions sont sèches ; mais elles me rappellent à ce que je me dois : il est, je crois, des circonstances où, pour frapper juste, il faut frapper fort. Je ne sais si maman a entendu ce que vient de dire mon père, mais elle prend le devant. Bon, je ne serai plus tentée de tourner la tête. Ah ! c'est M. Jules qui la tourne à ton tour. Quelle inconséquence ! j'ai pu, à la rigueur, ne regarder que ma mère; mais lui, qui regarde-t-il ? M. de Méran ? Peut-on le supposer ? Je presse ma marche : il faut que nous soyons en ligne pour éviter les interprétations. Mon père me suit, sans réflexions, sans interpellations. Je crois qu'il sourit encore. Que veulent donc dire tous ces sourires-là ? Rien que de bon, n'est-il pas vrai, Claire ?

Oh ! mon père m'a aussi devinée. Il ralentit sa marche, lorsque nous sommes à côté de maman et de Jules. Je me sens rougir.... Mais d'une force ! il regarde maman avec une expression que je ne lui ai pas vue encore. Ma mère répond à ce coup d'œil par un autre qui veut dire : cela est vrai; vous voyez juste, et je pense comme vous. Pas la moindre apparence de mécontentement; tout va bien, Claire ; tout va bien.

Je suis d'une gaîté folle. Je laisse le bras de mon père et je joue sur le gazon, en chantant cette ronde si jolie, que tu aimes tant, et que M. Jules a faite dans le temps où il parloit. M. Jules me regarde, et continue à promener majestueusement ma mère. Oh, l'insupportable homme!... Je crois que madame de Méran dégage son bras.... Oui, oui. Jules s'avance, et moi je recule, il faut bien se venger un peu. Il s'arrête, interdit. Je commence le couplet : *il faut danser avec sa mie*, etc, et il reste cloué à sa place. Hé, va donc, mon ami, lui dit M. de Méran, en le poussant par les deux épaules. Je n'aurais pas cru mon père capable de ce trait de bienveillance. Forte de son approbation, je fais la moitié du chemin. Nos mains se rencontrant, je sens la sienne frémir. Qu'a-t-il donc? oh! je le sais : il me communique son frémissement.... C'est celui du plaisir.

Nous nous arrêtons à l'instant. Nos mains tombent; les sons expirent sur nos lèvres. « C'est assez danser, nous crie maman. » Elle reprend le bras de Jules; je reprends celui de mon père, et je répète intérieurement ces mots qui lui sont échappés : *hé! Va donc, mon ami*. Je les répète en me déshabillant, en attendant le sommeil. Je les répète encore en rouvrant les yeux à la lumière, et mon cœur à l'espérance, à la joie, au bonheur.

Le moment du réveil est celui de la journée où les idées sont plus fraîches, les perceptions plus faciles, où on se rend compte, presque sans prévention, de sa conduite et de celle des autres. Tu croiras facilement que je suis honteuse d'avoir accusé Jules, de lui avoir marqué du dépit. L'intéressant jeune homme remplit un devoir pénible, et ce n'est point à moi à l'en punir. Il m'aime, Claire; il m'aime de toute son âme; mais il sent sa position. Sa résistance aux volontés de son oncle, peut le brouiller avec lui, et dès-lors il n'a plus rien à attendre que de l'amitié de M. de Méran. Est-il dans la probité, est-il même dans la délicatesse de chercher à plaire à la fille de son bienfaiteur, sans avoir obtenu l'aveu de ses parens ? Il faut éviter les occasions; il faut le vouloir au moins. Nos sentimens ne dépendent pas de nous, peut-être ; mais une âme honnête et forte comprime ceux que la reconnaissance défend de dévoiler. Voilà les véritables causes de l'extrême réserve de Jules ; voilà ce que tu me répondrais, si ce cahier était rempli et que je te l'eusse adressé. Comment n'ai-je pas pensé tout cela plus tôt ?

J'estime Jules plus que je ne peux te le dire. Je ne chercherai plus à le faire parler. Mais je le dédommagerai, autant que me le permettra la décence, de la contrainte qu'il s'impose. Combien il doit souffrir ! combien je souffre moi-même et pour lui et pour moi ! depuis deux jours il a cessé de me donner des leçons ; je lui en demanderai une aujourd'hui. La musique rafraîchit le sang ;

elle porte une espèce de calme dans le cœur le plus agité ; elle établit entre le maître et l'élève une sorte d'intimité, qui doit tourner au profit de l'amour discret. Je n'ai aucune expérience des passions ; mais je sens que Jules a besoin d'être avec moi, comme moi d'être avec lui ; que le son de ma voix le touche, comme la sienne m'a souvent fait tressaillir, lorsqu'il se trouvoit inopinément à côté de moi. Je soutiendrai son courage par des expressions pleines de bonté, par ces mots jetés qui inspirent la confiance et l'espoir. Ce n'est pas là l'interroger, l'attirer, m'exposer à lui faire prendre de moi une idée défavorable, n'est-ce pas, Claire ?

Si je pressentais ma mère ? Si je lui laissais entrevoir que je suis persuadée qu'elle a lu dans mon cœur et dans celui de Jules ? Si j'implorais ouvertement enfin les effets de l'indulgence qu'elle nous marque à tous deux ? Pourquoi, si j'ai réellement pénétré ses desseins et ceux de mon père, refuserait-elle de faire entendre à Jules qu'il peut espérer ? Autorisé par cette espèce d'acquiescement à nos vœux, il me dirait qu'il m'aime. Oh! quel plaisir j'aurais à l'entendre! je lui dirais que je l'aime aussi. Quel bien je lui ferais! tous les jours, à toutes les heures, à chaque instant, nous parlerions de notre amour. N'est-ce pas là le bien suprême ? En est-il un au-dessus de celui-là ? Je ne sais; mais je ne peux le concevoir.

Oui, je parlerai à maman.... Non, non, elle n'osera rien prendre sur elle. Elle consultera M. de Méran. Il faudra qu'elle lui rende ce que je lui aurai dit. Me pardonnera-t-il de le presser ainsi, de vouloir avancer le terme qu'il a fixé, ou du moins de chercher à pénétrer, malgré lui, ce qu'il juge à propos de me cacher encore? Quelle opinion aura-t-il d'une fille qui aime, et qui ose avouer son amour à ses parens, qui ne l'interrogent pas? Est-ce là, prévention à part, la conduite que doit tenir une jeune personne, bien élevée, modeste, qui connaît ses devoirs, et qui les respecte? Non, non, je ne parlerai point.

Je me suis placée près de lui à déjeuner. Je l'ai servi; je n'ai cessé de lui parler de choses bien indifférentes, à la vérité; mais ne trouves-tu pas que dans certaines circonstances, le langage a un accent qui change le sens des mots? Il m'a répondu assez péniblement d'abord. Bientôt son langage s'est accentué comme le mien; son œil s'est animé; ses lèvres vermeilles m'ont souri. Je crois qu'il était heureux. J'étais si satisfaite de lui avoir procuré un instant de bonheur!... Ah! je me rappelle que mon père et ma mère ont gardé le silence le plus absolu ; ils écoutaient, et je suis certain qu'il ne nous est pas échappé un mot, qui puisse altérer leur estime pour nous, et la juste confiance qu'ils nous accordent.

En quittant la table, j'ai invité Jules à passer au piano. Il m'a suivie sans résistance ; mais sans paraître le désirer. Cette douce familiarité, qui a fait si long-temps le charme de notre vie, lui paraît dangereuse aujourd'hui. Ne crains pas, mon ami ; je veille pour tous deux.... je veille ! Je me flatte de régler les mouvemens de son cœur, et j'aime autant que lui, et je n'ai que seize ans ! Enfant imprudente et orgueilleuse !

Ma mère a pris son ouvrage, et elle vient s'établir auprès de nous ; tant mieux : tout, jusqu'à l'innocence, a besoin d'un appui. Je fais un choix d'airs qui respirent la gaîté ; Jules m'en présente un bien sentimental, et qu'il chante comme un ange. Il ne chantera pas celui-là aujourd'hui : il ne le chantera pas de long-temps.

Je me mets au piano ; je prélude, je commence. Sa voix tremble. Je veux la soutenir de la mienne ; nous ne savons ce que nous faisons. Moi, je ne vois plus la musique. Je m'étais cependant bien promis d'être maîtresse de moi. Ma mère éclate de rire, et sans parler de ce qui vient de se passer, elle commence un conte très-plaisant, dont le souvenir a, dit-elle, provoqué ces éclats. Tu sais qu'elle conte avec beaucoup de grâce. Insensiblement elle nous a communiqué sa gaîté. Jules a ri franchement, de tout son cœur. Nous nous sommes remis au piano, et nous avons chanté, pendant deux grandes heures, avec une justesse, un agrément, une facilité, dont je suis encore étonnée.

En nous levant, nous avons trouvé

M. de Méran appuyé sur le dossier de mon fauteuil. « Bien, mes enfans, fort « bien, a-t-il dit; je vous remercie du « plaisir que vous m'avez procuré; mais « M. Rigaud nous attend. Allons voir la « machine qui fait vingt aunes de drap « en quinze heures. »

Mes enfans, a-t-il dit; mes enfans ! Claire, sens-tu bien la force de cette expression ? Il nous remercie du plaisir que nous lui avons fait ! Jamais mon père ne s'est montré bon et affectueux à ce point. Je me repens presque de l'avoir jugé sévère, et il est des momens où je me sens capable de lui dire tout.... Non, je ne dirai rien; je suis retenue par les réflexions que je t'ai communiquées plus haut.

Il est d'autres momens où je crois que je consentirais à passer ma vie auprès de Jules, sans autres liens que ceux qui nous unissent déjà; sans autres jouissances que de pouvoir le calmer, le rendre à lui-même. Que nous apprendrons-nous, quand nous nous dirons J'aime ? que nous servira-t-il de le répéter ?

CHAPITRE III.

Le jeune cœur s'ouvre à la félicité.

Je me contredis. Oui, si c'est un bonheur d'aimer, le bien suprême est de se le dire, de se le répéter, toujours, sans cesse. Lis, Claire, lis attentivement les détails de cette journée.

Nous arrivons chez M. Rigaud. Il vient au-devant de nous jusqu'au bas de son perron, et M. de Méran reconnaît cette marque de respect en lui présentant la main. Nous sommes reçus sous le vestibule par une femme de quarante ans, qui a dû être très-jolie, et qui paraît avoir reçu une éducation soignée ; c'est madame Rigaud. Son mari nous l'a présentée. Mon père se plaint obligeamment de ne l'avoir pas vue au château; M. Rigaud balbutie quelques mots sur les égards dus aux distances, et entraîné par de tels procédés, M. de Méran invite madame Rigaud à venir passer avec ma mère les momens dont elle pourra disposer. Ma pauvre mère, condamnée jusqu'alors à éviter toute espèce de liaisons avec les femmes de nos voisins, et à qui une retraite absolue ne convient pas, s'attache aussitôt au seul individu de son sexe qu'il lui soit permis de voir. Elle marque à madame Rigaud une bienveillance qui n'est pas de la protection, qui n'est pas non plus de la familiarité; elle a pris précisément le ton qui peut enhardir sa nouvelle amie sans blesser les préjugés, ou le juste orgueil de M. de Méran.

La maison est bien, très-bien. Je remarque avec plaisir l'attachement que deux vieux domestiques ont pour leurs maîtres : il fait l'éloge des uns et des autres.

Après un quart d'heure de conversation sur des objets assez indifférens, M. Rigaud reproduit son idée favorite, celle qui l'occupe essentiellement, et dont il ne peut se détacher qu'en apparence. Il revient à sa mécanique, à son drap, à ses projets de fortune; il nous propose de passer dans le bâtiment, où son métier est établi provisoirement. Nous le suivons.

Un enfant de dix à douze ans fait jouer une pompe, et la partie de la mécanique, destinée au lavage des laines, s'emplit d'eau. L'enfant, armé d'un entonnoir, verse la teinture dans un autre compartiment. Cette première opération se fait par des conduits, qui dispensent de rien ouvrir, et l'enfant, machine lui-même, fait tout mouvoir, sans avoir d'idée de ce qu'il fait.

La seule chose qu'on puisse apercevoir est un triple rang de crochets extérieurs, qui saisissent partiellement la laine, qui la tirent dans l'intérieur, et ressortent pour se rattacher aux toisons, qu'on a besoin d'approcher à mesure que les crochets opèrent. Trente ou quarante livres de laine sont entrées ainsi, et en assez peu de temps, dans le premier compartiment de la mécanique.

M. de Méran regardait très-attentivement, et ne s'est pas permis une question. Maman causait avec madame Rigaud; Jules semblait étudier la disposition et l'effet des rouages par le bruit qu'ils produisaient, et moi, à qui l'art de la mécanique est fort indifférent, je ne voyais que Jules, et quand je le vois, le temps passe avec rapidité.

« M. le comte, le drap ne commen-
« cera à sortir du métier que dans quel-
« ques heures, dit M. Rigaud. Voulez-
« vous me faire l'honneur de visiter

« mon petit domaine ? » Son petit domaine ! il est plus étendu que le nôtre, et l'épithète a paru déplaire à M. de Méran, qui cependant s'est laissé conduire.

Nous avons suivi, et partout nous avons reconnu une main intelligente et active. Nous sommes arrivés à un petit bois, dont la lisière n'annonçait rien qui pût piquer notre curiosité. Nous y sommes entrés cependant sur les pas de notre guide, et nous avons parcouru quelques allées tortueuses, mais soignées. Bientôt nous entendons le murmure d'une cascade, dont l'eau tombe mollement du haut d'une roche sur un sable bordé de gazon. Nous tournons de ce côté, et nous traversons des bosquets de lilas et de rosiers, qui parfument l'air. De petites retraites agréables, sans être recherchées, sont ménagées de loin en loin. Il échappe à ma mère de dire que ces berceaux parlent plus à l'imagination et au cœur, que des ruines bâties hier et des kiosques, accessibles de toutes parts aux rayons du soleil, et à l'œil perçant des curieux. M. de Méran a un kiosque et des ruines toutes neuves, et il met ce qu'il a fort au-dessus des propriétés des autres. D'ailleurs des colonnes brisées rappellent ces monumens gothiques élevés à grands frais par les seigneurs de la cour de François Ier, et c'est de cette époque que date l'illustration de notre famille. Sous aucun rapport, M. de Méran ne peut souffrir de comparaison avec la roture, et un regard expressif a annoncé son mécontentement à ma pauvre mère. Elle a voulu réparer la faute bien involontaire qu'elle venait de commettre, et elle n'a trouvé que des phrases gauches et forcées, qui ajoutaient visiblement à l'humeur de M. de Méran. Il était près d'éclater : Jules et moi, nous étions sur des charbons ardens. Fort heureusement, nous avons découvert la cascade, et à côté du bassin, un homme habillé en Neptune, et armé du redoutable trident. La nouveauté de ce spectacle a fixé l'attention générale, et on a continué d'avancer, sans s'occuper davantage de chapiteaux renversés. Le dieu des mers a salué gravement mon père, et lui a débité des vers, qui m'ont paru meilleurs que ceux que faisait ma maîtresse de pension pour la distribution des prix. Ces vers-ci étaient un éloge pompeux de l'amiral Bonnivet, dont nous descendons, et de plusieurs chefs d'escadre, ses arrière petits-fils, qui se signalèrent en différentes occasions. Le dieu terminait en regrettant que les talens distingués de mon père fussent inutiles à son pays.

Si M. de Méran n'eût été loué de la manière qui devait le flatter le plus, si nous n'eussions craint de le blesser ouvertement, il eût éclaté de rire, et nous aussi. Neptune était représenté par le maître d'école du village, gros et court comme Sancho Pança. Une peau de mouton lui couvrait les épaules; une autre, décemment placée par-devant, descendait jusqu'aux genoux. Les jambes, les bras, et la poitrine découverts, étaient en rapport parfait avec une peau d'ours. Le trident était une fourche, sur laquelle on apercevait encore des traces de l'usage journalier auquel elle est consacrée. Ajoute à tout cela, la perruque à marrons dont se pare maître Antoine pour paraître au lutrin, une voix de basse-contre sans modulations, et tu auras une juste idée du chantre de l'amiral Bonnivet et de ses descendans.

L'anxiété et le trouble de l'auteur le trahissaient malgré lui. Nous avons tous deviné madame Rigaud, et nous l'avons félicitée. M. de Méran lui a demandé la permission de l'embrasser avec la noble courtoisie des chevaliers du siècle de

François Ier. M. Rigaud, enchanté de cette marque de haute bienveillance, s'est enhardi jusqu'à proposer un dîner offert de grand cœur, et qui pouvait être accepté sans que cela tirât à conséquence. Le correctif *sans conséquence* a levé toutes les difficultés que M. de Méran allait peut-être opposer à l'invitation. Il a donné, d'un air gracieux, un honnête pour boire à Neptune, qui l'a accepté avec de grandes révérences, et nous avons repris gaîment le chemin de la maison, très-satisfaits les uns des autres.

Nous avons trouvé un dîner très-bon et fort bien servi. Mais ce qui a probablement contribué à le faire trouver excellent à mon père, c'est qu'on lui avait donné un fauteuil plus élevé que les autres de quelques pouces, et que son verre de cristal, taillé en forme de calice, était le seul de cette espèce qu'on eût mis sur la table.

M. Rigaud nous a appris que le bien qu'il possède est dans sa famille depuis deux cents ans, et qu'il a promis à son père mourant de ne jamais le vendre ni l'aliéner. Il a ajouté que son entreprise exigeant une grande mise de fonds, il comptait partir incessamment pour Paris, où il chercherait un associé, dont les capitaux entreraient en compensation avec son industrie, et qu'il admettrait au partage égal des bénéfices. Il présume que le gain pourra aller de quatre à cinq cent mille francs par an. Ainsi, un associé qui mettrait un demi-million dans la chose retirerait ses fonds en deux ans à peu près, et jouirait ensuite, lui et les siens, de deux cent mille livres de rente, au moins, bien claires et bien nettes.

On allait quitter la table, lorsqu'on est venu nous annoncer que le drap commençait à sortir de l'extrémité de la mécanique. Nous avons couru et nous

nous sommes convaincus, par la vue et le toucher, que M. Rigaud ne promet rien qu'il ne puisse faire. Nous avons vu de bon drap, bien frappé, bien lustré, d'un beau bleu, et ce qui a levé tous les doutes sur la durée d'une teinture aussi promptement imprimée à la laine, c'est l'épreuve du vinaigre à laquelle M. Rigaud a soumis devant nous un échantillon de son drap, dont la couleur n'a souffert aucune altération.

M. et madame de Méran ont félicité M. Rigaud sur ses talens et ses succès. Nous avons pris congé d'eux, et nous sommes rentrés au château. De toute cette journée, je n'avais pu être un instant à moi. Il était temps que je cédasse au vœu le plus doux de mon cœur, celui d'être avec Jules, de le voir, de lui parler, de l'entendre. Mon père et ma mère m'en ont donné la facilité. Ils se sont enfermés ensemble, pendant deux heures au moins, pour parler; j'ignorais encore de quel objet. Jules était vis-à-vis de moi. Il me regardait.... Tu sais comme il regarde, quand son imagination est exaltée. Ajoute à ce premier charme celui plus irrésistible, sans doute, de l'amour passionné qui se peignait dans ses yeux. Il a fait un mouvement ; j'ai cru qu'il allait se précipiter à mes genoux. Un tremblement universel m'a saisie, et cependant je désirais vivement qu'il cédât à cette première impulsion. J'avais tort, sans doute, car enfin s'il avait parlé, j'aurais répondu, ou plutôt le mot *j'aime* se serait échappé en même temps de nos lèvres brûlantes. Claire, j'ai cru jusqu'à présent qu'il est facile d'être sage, de l'être toujours. Je ne comprenais pas qu'on pût louer une femme vertueuse. Je commence à pressentir que cette réputation est le fruit de bien des efforts, et je conçois qu'on estime et qu'on respecte celle qui se les impose.

J'étais là, toujours là. Mes yeux fixés sur Jules devaient l'encourager, je le sens, et je te l'avoue. Il a retrogradé; il s'est éloigné, et je t'avoue encore que cette conduite a froissé mon cœur. « Ne « pouvoir ni parler, ni se taire! » s'est-il écrié; « cet état est affreux, il est in- « soutenable. » Il est sorti.

J'ai pleuré, Claire, quand j'ai cessé de le voir; oui, j'ai pleuré d'amour et de dépit. Je te fais encore cet aveu dans l'humilité de mon âme. Serait-il vrai qu'une femme est dans la dépendance de l'homme qu'elle aime ; que la crainte de le perdre, ou même de l'affliger, peut la rendre capable de tout ? Ah ! trop heureuse alors celle, qui comme moi, a trouvé un homme dont la probité égale la tendresse.

On vient de lui remettre une lettre. Il la lit dans le jardin. De qui est-elle ? Je ne suis pas jalouse; je n'ai pas même le droit de l'être; mais rien de ce qui le touche, ne peut m'être indifférent. Il est tout simple que je descende au jardin. Où serais-je donc avec lui, si j'évitais de le rencontrer dans un endroit où les yeux de nos gens, de nos parens, peut-être, seront fixés sur nous? Quand le mot amour s'échappe pour la première fois, ce doit être un torrent qui brise, qui renverse toutes les barrières qu'on lui oppose. Il sera contenu, comprimé dans un lieu où la faiblesse est sous la garantie des mœurs publiques. Je descends au jardin.

Je m'approche de lui. Il se parle à lui-même. « Enfin, se disait-il, si je ne « peux rien pour elle, j'ai du moins un « sacrifice à lui faire, et celui ci me sem- « ble diminuer l'intervalle que la fortune « a mis entre nous. — De quel sacrifice « parlez-vous, Jules? Je ne souffrirai pas « que vous m'en fassiez aucun. » Imprudente! A quelle humiliation je me serais exposée, si ce n'avait pas été de moi qu'il parloit ? Il a tourné la tête ; il a serré précipitamment sa lettre, et nous sommes restés muets l'un vis-à-vis de l'autre.

J'ai repris un peu de courage. « Jules, « de qui est cette lettre ? — Elle est de « mon oncle, mademoiselle. — Made- « moiselle ! Autrefois vous me nommiez « votre sœur. — Ce nom ne convient « plus. — M'aimez-vous moins que « quand vous me le donniez ? — Vous « aimer moins, vous aimer moins ! Le « croyez-vous, mademoiselle ? » Je me suis tue : j'ai senti qu'une question de plus amenèrait un aveu positif, et que j'aurais à me reprocher de l'avoir provoqué.

« Eh bien ! monsieur, que vous écrit « votre oncle ? — Permettez que ce soit « mon secret. — Voilà le premier que « vous avez pour moi. — Le premier, « Adèle, le premier ! oh ! il en est un « bien plus important qui me tourmente,

« qui me tue, que je ne peux dire, ni
« renfermer.» Mon trouble croissait à
chaque instant. Je craignais de l'avoir
trop entendu ; je tremblais de lui répondre. Si j'avais ouvert la bouche,
c'en était fait; nous étions d'intelligence,
sans que ce mot, si redouté, fût prononcé par aucun de nous. Je me suis tournée vers le château. J'ai invoqué la présence de ma mère dans toute la bonne
foi de mon cœur. Je l'ai vue sur les degrés. De quel poids je me suis trouvée
soulagée ! J'ai couru à elle. Je l'ai pressée dans mes bras ; j'ai caché ma rougeur dans son sein.

Cependant, Claire, il est impossible
que Jules et moi nous taisions plus longtemps. A la première occasion, au premier moment, l'explosion....

« Ma bonne mère, Jules a reçu une
« lettre de M. d'Estouville. Je suis cer-
« taine qu'elle parle d'affaires de la plus
« haute importance, et Jules refuse de

« satisfaire l'intérêt pressant que nous
« lui portons. Il parle de sacrifices. Oh !
« il n'en doit à personne ; empêchez-le
« d'en faire aucun.

« Jules, lui dit maman, M. de Méran
« n'a pas balancé à vous lire la lettre
« qu'il a reçue de votre oncle ; pour-
« quoi n'imitez-vous pas cette fran-
« chise ? Est-ce à votre âge qu'on juge
« sans prévention et qu'on connaît ses
« véritables intérêts ? — Je les connais,
« madame, je les connais. Je n'ai qu'un
« desir, et je n'en peux avoir d'au-
« tre, celui de passer ma vie avec vous,
« de vous prouver ma sincère recon-
« naissance, mon vif attachement. C'est
« dans l'expression journalière de ces
« sentimens que je place ma félicité.
« Voilà la seule que je puisse connaître,
« que je veuille goûter. Le reste m'est
« indifférent. — La confiance est la pre-
« mière marque de la sincérité des
« sentimens dont vous parlez. Donnez-

« moi cette lettre. — Dispensez-moi de
« vous la montrer, madame ; je vous
« en prie, je vous en conjure. — De-
« vez-vous avoir des secrets pour moi,
« qui vous ai tenu lieu de mère ? Et à
« qui donc parlerez-vous sans réserve,
« si ce n'est à ceux qui vous aiment si
« tendrement ? — Je crains de les af-
« fliger. — Hé ! ne voyez-vous pas que
« vous nous tourmentez l'une et l'autre;
« que la crainte du mal qui vous me-
« nace, peut-être, nous frappe comme
« s'il était arrivé ? S'il est réel, nous
« devons le connaître pour le partager.
« S'il est imaginaire, vous devez dissi-
« per l'anxiété qui nous agite. Donnez-
« moi cette lettre, M. de Courcelles,
« ou je ne crois plus à votre amitié. —
« Madame, la voilà. »

Je passe mon bras sous celui de ma mere et je lis avec elle. M. d'Estouville est furieux. Il reproche amèrement à Jules la préférence qu'il nous accorde sur lui. Il déclare formellement que s'il ne part pas aussitôt pour Paris, il le privera de sa succession. Il ne craint pas de lui dire, qu'un homme comme lui doit rougir de vivre des bienfaits d'un étranger. Un étranger! M. de Méran n'est-il pas son père et les dons de l'amitié humilient-ils jamais?

Cependant il s'agit de deux cents mille livres de rente. Oh! quel sacrifice en effet! non, je ne le recevrai pas. Je ferai mon devoir ; j'en aurai le courage. « Parlez-lui, maman ; rendez-le à son
« parent, à lui-même, à la fortune. Si
« l'amitié a ses droits, la nature n'a-t-
« elle pas les siens ? Oserons-nous les
« lui ravir ? — Ainsi, mademoiselle,
« vous me chassez de chez vous ! —
« Vous chasser, Jules, vous chasser !
« — Je connais votre cœur à tous; vous
« rejetterez un sacrifice que le mien a
« juré irrévocablement. Voilà ce que
« j'avais prévu; voilà la persécution que

« je redoutais et que je voulais m'épar-
« gner. Bannissez-moi de votre présence;
« exilez-moi des lieux qui me sont si
« chers, et où je laisserai plus que ma
« vie. Je partirai; mais je n'irai point
« recevoir de lois de M. d'Estouville,
« que je ne connais que par la tyrannie
« qu'il voudrait exercer sur un être,
« qui n'attend, qui ne veut rien de lui
« que l'oubli le plus absolu. Je prendrai
« rang dans une de nos phalanges, et je
« prouverai que l'homme courageux ne
« cède ni aux promesses, ni aux mena-
« ces, et qu'il sait supporter l'adver-
« sité. »

Ah! Claire, si tu savais combien mon faible cœur a joui en l'écoutant! c'est à ce cœur si tendre qu'il parlait, et l'énergie de ses sentimens a ranimé l'espérance et la force, qui s'éteignaient en moi. J'étais vraie, lorsque je l'engageais à obéir à son oncle; mais je crois que je serais morte, s'il eut cédé à mes raisonnemens, à ceux, plus suivis encore, que ma mère a opposés à sa résolution.

Mon père nous a joint en ce moment et maman lui a présenté la lettre de M. d'Estouville. M. de Méran a lu avec attention, et a réfléchi quelque temps après avoir cessé de lire. Je voyais l'incertitude se peindre dans tous ses traits. J'attendais mon arrêt, appuyée sur ma mère et tremblante de tout mon corps. « Pour Dieu, monsieur, pronon-
« cez, lui dit-elle; vous n'avez pas d'idée
« de ce que nous souffrons tous. — Ce
« n'est pas à moi, madame, qu'il con-
« vient de prononcer. M. de Courcelles
« a seul le droit de juger entre son oncle
« et nous. — Mon père, son jugement
« est porté. — Et quel est-il, mademoi-
« selle ? — Il renonce à deux cents mille
« livres de rente. Il les sacrifie au plaisir
« de vivre avec vous, de vous aimer,
« de vous en donner chaque jour des
« preuves nouvelles. »

La sérénité a reparu sur le visage de mon père. « Jeune homme, a-t-il dit, « à votre place, je me conduirais comme « vous. Mais ma position et mon âge « m'imposent des devoirs, dont je ne « peux m'écarter, et je les trahirais, en « prolongeant votre séjour chez moi, « si je n'avais à vous offrir l'équivalent « de ce que vous ôte votre oncle. J'ai à « parler à M. Rigaud. Attendez-moi ici. » Je m'expliquerai clairement à mon « retour. »

Un équivalent ! quel peut-il être, Claire, si ce n'est la main de sa fille ? Pénétrée de cette idée, je me jette dans les bras de ma mère ; je l'embrasse, en répandant de douces larmes. Jules tient sa main et la couvre de baisers. Et lui aussi, il a deviné l'équivalent dont a parlé mon père. Ah ! quand on aime comme nous, est-il une pensée qui ne soit commune à tous deux ?

Enfin dans deux heures, plus tôt peut-être, Jules pourra me dire qu'il m'aime, sans manquer à son bienfaiteur. Je pourrai l'écouter, lui répondre, sans blesser ni la décence, ni la piété filiale. Ah! Claire, quel moment que celui où nos âmes se confondront pour la première fois! il sera plus délicieux encore par ce calme intérieur, qui naîtra de l'approbation de nos parens, par la certitude que notre félicité sera aussi la leur. Oh! je le sens : si le bonheur parfait ne résulte pas toujours de l'accomplissement rigoureux de ses devoirs, au moins n'existe-t-il jamais pour ceux qui les négligent, ou qui les enfreignent.

Ma mère s'abandonne à toute sa sensibilité. Elle partage notre allégresse; elle nous serre tous deux dans ses bras; elle nous appelle ses enfans; elle nous regarde alternativement; ses yeux puisent une vie nouvelle dans les nôtres. Des mots sans suite lui échappent, et cependant ils laissent tout pénétrer.

Elle ne dira rien de positif; elle veut laisser à mon père le plaisir de nous annoncer la bienheureuse nouvelle. Ah! il ne nous manque que la satisfaction d'entendre confirmer, par M. de Méran, ce que nous savons déjà.

Jules parle à présent; il a retrouvé les mots heureux qui charmaient nos jeux enfantins. Il m'a rendu le nom de sœur; mais c'est pour un moment : ce nom que je désirais si ardemment, et qu'il me refusait tout à l'heure, ne dit plus assez maintenant. Je serai son amie, sa douce, sa tendre, sa fidèle amie; j'imaginerai, s'il se peut, des qualifications plus expressives encore, pour les recevoir de lui, pour les lui prodiguer.

Ah! Claire, tu me reconnaîtrais aujourd'hui; je suis folle d'amour et de bonheur. Ma tête délire; mais c'est avec cette gaîté, ce doux abandon, qui te plaisaient tant, il y a quelques mois. Ma mère sourit à la saillie qui m'échappe, à celle qui pétille sur les lèvres de Jules. Elle-même a des traits heureux, qu'excite le bonheur commun, et qu'elle renfermait jusqu'ici, sans doute par la crainte de déplaire à M. de Méran. Il prétend que la dignité et la réserve sont les grâces d'une femme de quarante ans. Ma mère n'en a que trente-cinq, et elle est encore jolie. N'importe, il ne faut pas qu'elle rie : oh! elle rira, quand je serai la femme de mon Jules, et que nous serons bien cachés tous les trois. *La femme de mon Jules!* que ce mot est doux à prononcer! Ah! oui, oui, on peut quitter son amie pour son époux.

A propos, pourquoi donc M. de Méran est-il allé chez M. Rigaud? quelle affaire si importante peut l'avoir conduit là? Pourquoi ne pas *s'expliquer clairement* d'abord, et parler ensuite mécanique et drap le reste de la soirée? Ma mère pourrait répondre à cette question. Sans doute cette seconde visite, rendue le même jour à M. Rigaud, a été concertée dans le long entretien que M. et madame de Méran ont eu ensemble. Je parle, j'insiste, je ris, je caresse, je boude, je m'éloigne.... pour revenir bien vite ; maman est impénétrable. Elle commence un conte, je l'interromps ; elle en recommence un autre ; je chante, je danse autour d'elle. Jules s'empare de ma main ; je prends celle de maman, et nous voilà tous trois sautant cette ronde que le méchant refusait l'autre jour de chanter avec moi dans la prairie.

Tout à coup un homme prend ma main et celle de ma mère. Je regarde.... oh ! mon Dieu, c'est M. de Méran ! Est-ce un songe, une illusion ? M. de Méran ne blâme pas nos jeux ; il ne dédaigne pas de s'y mêler. M. de Méran danser ! je n'en reviens pas, Claire. Il faut qu'il soit heureux, bien heureux, pour oublier ainsi ses habitudes, et l'étiquette, quelquefois minutieuse, qui règle toutes ses actions. Ah! j'ai le meilleur de pères. Je le craignais; je ne peux plus que l'aimer.

Cette saillie de gaîté ne pouvait durer. M. de Méran a repris bientôt ce maintien imposant, ce ton solennel, qui ressemblent si bien à la sévérité, et qui m'ont si long-temps abusée. « Rentrons, « a-t-il dit; j'ai des choses importantes « à vous communiquer. »

Nous l'avons accompagné jusqu'à son appartement, où tout était disposé pour l'auguste conférence qui allait s'ouvrir. En nous plaçant, j'ai rencontré la main de Jules, et je crois que je l'ai pressée. Dans la position où nous sommes, il n'y a pas de mal à cela, n'est-ce pas, Claire?

Mon père a pris la parole, et nous a invités à ne pas l'interrompre. « M. de « Courcelles, j'ai promis à mon ami « mourant de vous tenir lieu de père, « c'est-à-dire que j'ai contracté l'enga-

« gement de ne pas mettre de bornes à
« mon affection, à mes soins, à mes
« bienfaits. Jusqu'à ce moment, vous
« m'avez dû beaucoup; mais une grande
« fortune vous appelle; vous la rejetez
« par l'effet de votre reconnaissance, de
« votre attachement envers ma famille;
« vous êtes donc quitte avec moi, et
« pour que je sois réellement votre
« père, il faut que vous me deviez
« quelque chose : je vous offre la main
« de ma fille. »

Ici, Claire, sans nous regarder, sans nous parler, sans nous entendre, Jules et moi, nous sommes tombés à ses genoux. La chambre de mon père était devenue un temple. Nous voyions en lui le ministre qui consacrait le plus tendre amour. Nos têtes inclinées appelaient sa bénédiction.

« Relevez-vous, mes enfans, et écou-
« tez. Madame de Méran et moi avons
« pénétré, dès long-temps, votre incli-

« nation mutuelle, et nous y avons ap-
« plaudi en secret. Nous avions formé
« le projet de vous unir, avant que
« M. d'Estouville pensât à s'attacher
« Jules par ses libéralités. Ma fortune
« actuelle pouvait suffire à tous; vous
« eussiez partagé notre sort, mes en-
« fans, et héritiers un jour de nos biens,
« Jules eût joui d'une aisance qui eût
« pu suffire à ses vœux. Les circons-
« tances sont changées. M. d'Estouville
« paraît déterminé à reconnaître la do-
« cilité de Jules par des sacrifices pré-
« sens. M. de Courcelles les rejette : je
« lui dois un dédommagement.

« — Rien, rien, mon père, rien que
« la main d'Adèle, et je possède tout.
« — Monsieur, vous pensez en amant;
« je dois agir en père. Ne m'interrompez
« plus, s'il vous plaît. Vous avez été té-
« moins, comme moi, des succès de
« M. Rigaud : vous connaissez les avan-
« tages qu'on doit raisonnablement at-

« tendre d'une telle entreprise. Je viens
« de chez lui ; je lui ai proposé d'être
« l'associé qu'il allait chercher à Paris,
« et il a accepté ma proposition avec les
« marques d'une satisfaction vraie.

« Ne croyez pas que les circonstances
« puissent influer sur mes opinions.
« J'ai toujours regardé le commerce
« comme fort au-dessous de ma nais-
« sance, et ma manière de voir est en-
« core la même à cet égard ; mais je
« suis loin de considérer l'opération de
« M. Rigaud comme une affaire mer-
« cantile. Cet homme-là devient essen-
« tiellement utile à toutes les classes de
« la société ; il s'immortalise par sa dé-
« couverte, et joindre mon nom au
« sien, c'est l'associer au génie et à la
« gloire.

« Lui et moi partons demain pour
« Paris. Je vais y emprunter cinq cent
« mille francs sur ma terre ; il va y pres-
« ser la confection de ses métiers. Trois

« ans, au plus, me suffiront pour reti-
« rer ma mise. Alors je libère mon bien.
« Madame de Méran et moi, nous con-
« tinuons d'y vivre avec la dignité qui
« convient à notre rang, et j'abandonne
« à M. de Courcelles 200,000 livres de
« rente légitimement acquises. C'est pré-
« cisément ce qu'il peut attendre de
« son oncle, et mademoiselle de Méran
« lui apporte en dot un grand nom et
« d'assez belles espérances. Toute la
« France doit applaudir à ces disposi-
« tions, et je me félicite de les avoir
« conçues.

« A l'époque où je rentrerai dans mes
« fonds, Jules aura vingt-trois ans;
« mon Adèle en aura dix-neuf : c'est
« ordinairement à cet âge qu'on dispose
« de soi avec jugement : il est difficile
« de bien sentir plus tôt les obligations
« sacrées que le mariage impose. Jules
« emploiera ces trois années, non à
« faire le commis marchand, je rougirais

«de le lui proposer, mais à s'instruire
« auprès de M. Rigaud, à veiller à ses
« intérêts et à ceux d'Adèle, comme
« j'examine la conduite et les comptes
« de mon régisseur.

« Le terme marqué pour votre union
« n'est pas aussi éloigné que vous pou-
« vez le croire : le temps s'écoule vite,
« mes enfans, quand on s'occupe et
« quand on aime. A chaque somme qui
« me rentrera, Jules réfléchira qu'il a
« fait un pas de plus vers le bonheur ;
« il lira dans les yeux d'Adèle l'amour
« modeste qui récompense la fidélité et
« le travail de l'amant, et qui compte
« les instans, sans prétendre y rien re-
« trancher.

« Aimez-vous, mes enfans. Votre
« mère et moi, nous y consentons, nous
« vous y invitons ; mais, Jules, le jour
« heureux est encore éloigné. Incapable
« de former un plan de séduction, vous
« l'êtes peut-être également de résister

« à des occasions sans cesse renaissantes.
« Monsieur, je vous confie l'innocence
« d'Adèle. C'est sous votre sauve-garde
« que je mets son inexpérience. Que ce
« dépôt soit sacré pour vous. Justifiez
« ma confiance par la plus rigide vertu.
« Souvenez-vous qu'on ne transige point
« avec elle, et que la résolution de
« s'arrêter à tel ou tel degré, n'est que
« préparer, assurer une chute complète
« et irréparable. »

Jules s'est remis aux genoux de M. de Méran, et j'y suis tombée avec lui. Nous avons prononcé d'une voix ferme et dans toute la pureté de notre cœur, le serment d'être toujours dignes des plus respectables parens et de nous conduire en leur absence, comme si nous étions devant eux.

Mon père et ma mère nous ont bénis. Ils nous ont relevés, embrassés.... Embrassés avec une satisfaction, une tendresse, dont je ne peux te donner d'idée. Jules a pris ma main. Ivre de joie et d'amour, il l'a couverte de baisers. Cet aveu, si long-temps renfermé, si ardemment attendu, s'est échappé de sa bouche en traits de feu. Il a voulu entendre de la mienne l'assurance d'un sentiment que je n'ai pu lui cacher. Je lui ai juré amour éternel avec la réserve d'expressions que me prescrivait la bienséance, mais avec ce trouble, cette rougeur, cette voix altérée et tremblante, qui annoncent au vainqueur chéri toute l'étendue de son bonheur.

Nous sommes irréprochables, Claire. Pas un mot ne nous est échappé, avant que mon père et ma mère eussent autorisé cet amour timide à paraître. Mais qu'il était temps qu'ils prononçassent! un jour plus tard, peut-être.... Ah! n'altérons point par de tristes réflexions la sérénité de celui-ci.

Nous ne pensons plus qu'aux dispositions nécessaires pour le départ de M.

de Méran. Jules et moi, nous allons, nous venons, nous montons, nous descendons, nous nous rencontrons, nous nous heurtons; nous rions, nous repartons. Nos gens ne concoivent rien à notre célérité. Le mot est à peine prononcé, que l'objet est placé dans une malle, dans une valise, et notre prévoyance supplée le mot qui n'est pas articulé encore. Cher et respectable père ! c'est pour nous qu'il va supporter les fatigues d'un assez long voyage. Ah ! prouvons-lui, par notre empressement à lui complaire, combien nous sommes pénétrés, heureux de sa bonté.

Dans l'état où je suis, on ne dort pas. Il faut s'occuper de son bonheur; il faut surtout pouvoir en parler. Ma mère sait tout, et je ne peux avoir de confidente plus sage, plus respectable qu'elle. Je passe dans sa chambre ; je l'attire sur son ottomane ; je l'étourdis de mon caquetage; je né lui donne pas le temps de me répondre. Elle a presqu'autant de plaisir à m'entendre que moi à déraisonner. Les heures s'écoulent et nous ne nous en apercevons pas. Le jour commence à poindre ; il m'avertit de mon indiscrétion ; j'en demande pardon à ma mère, et une mère, heureuse de la félicité de sa fille, n'a rien à lui pardonner.

On sonne à la grille à tout briser. C'est M. Rigaud, et c'est Jules qui va lui ouvrir. Ah ! je le vois, mon charmant ami n'a pas plus dormi que moi. Dans un instant, tous les domestiques sont debout. M. de Méran passe chez ma mère ; il nous trouve fatiguées ; il nous gronde un peu ; il fait arranger sa voiture; il envoye chercher les chevaux. M. Rigaud demande la permission de nous saluer; je lui demande celle de lui offrir le chocolat que j'ai préparé la veille.

Il accepte; j'appelle Jeannette, et avant qu'elle soit descendue, le chocolat est servi. Nous nous mettons tous à table. Jules prie mon père de se charger d'une lettre pour son oncle. Il nous en fait la lecture. Elle est respectueuse; elle exprime de la sensibilité, de la reconnaissance; elle est bien.

Le fouet des postillons nous fait quitter la table. Nous conduisons mon père à sa voiture. Ma mère et Jules l'embrassent; moi, je l'étreins dans mes bras; je le presse contre mon cœur. Une larme coule sur sa joue; je la recueille et je pleure aussi. Ah! Claire, ces larmes-là sont celles du plaisir.

La berline s'éloigne. Je rentre, appuyée sur le bras de ma mère et sur celui de Jules. Je suis excédée, anéantie. Tant de sensations se sont succédées si rapidement! Cependant je mets ce cahier sous enveloppe, parce que je suis impatiente de recevoir ta réponse. Sois franche comme moi. Dis-moi tout ce que tu penses.

Ma mère me presse de me mettre au lit. Je te quitte pour lui obéir.

CHAPITRE IV.

Première séparation.

Quel beau jour! les objets que dore le soleil, sont-ils aussi rians que je les vois? Jamais la nature ne m'a paru si belle, et peut-être doit-elle à mon cœur satisfait une partie de ses charmes. Je crois que l'œil d'un être heureux embellit tout ce qu'il fixe.

Je descens à ce petit jardin, que je cultivais avec Jules et toi, et qui depuis six mois est tout-à-fait abandonné. Je veux lui rendre sa parure : il m'offre tant de souvenirs! c'est là que nous nous laissions aller à la gaîté de l'enfance ; c'est là que s'est développé le sentiment qui nous unit l'une à l'autre; c'est là que Jules a commencé à me fixer, que j'ai remarqué les progrès que je faisais sur son cœur, que j'ai été effrayée d'un amour qui pouvait faire notre malheur. Avec quel plaisir je le cultiverai, maintenant que l'anxiété qui me minait est disparue, et qu'il m'est permis d'avoir Jules pour émule et pour compagnon de cet agréable délassement!.... Il m'a prévenue. Il donne ses ordres au jardinier; il exécute avec lui. Sans cesse nous pensons, nous agissons sympathiquement. N'avons-nous qu'une même et seule âme à nous deux?

Oh! mon Dieu, l'ortie et le chardon ont crû de toutes parts. Cette pièce de gazon, que nous foulions d'un pied léger, est dépouillée de sa verdure. Ce banc, où nous nous mettions avec la volonté de travailler, et où nous ne faisions que rire et jouer, chancèle sur ses supports. Ce bosquet, sous lequel nous

nous cachions alternativement pour le plaisir de nous chercher, de nous trouver, de nous embrasser, ne m'offre que l'image de la dévastation. Des branches desséchées ou rompues; la terre jonchée des fleurs, qu'une main insouciante a arrachées; la fuite du rossignol et de la fauvette, dont le chant nous faisait si doucement rêver; toutes ces traces des ravages du temps et de l'abandon des trois fortunés propriétaires, m'ont arraché un profond soupir. « Ma chère, ma
« charmante Adèle, ce maronnier, que
« nous avons planté ensemble, n'a pas
« souffert de la destruction générale.
« Il a grandi, et notre chiffre, que j'y ai
« gravé, s'est étendu avec l'écorce. Oh !
« mon amie, c'est la crainte de revoir
« ce chiffre qui m'a éloignée d'une re-
« traite qui m'était si chère. En le gra-
« vant, je croyais tracer un souvenir
« d'amitié, et depuis, ces deux lettres
« m'avertissaient sans cesse du change-

« ment qui s'était fait dans mon cœur.
« Désespéré de mon amour, je fuyais
« tout ce qui pouvait le nourir, l'augmen-
« ter; je gémissais en secret de ne pou-
« voir échapper à moi-même. Aujour-
« d'hui je cherche tous les objets qui
« ont quelque rapport avec cet amour,
« que mon Adèle partage, et qui est ap-
« prouvé de ses parens. Oh! défri-
« chons, embellissons cette retraite;
« rappelons-y nos petits chantres ailés,
« et leurs touchantes amours. Revoyons
« ce chiffre; revoyons-le tous les jours,
« à toutes les heures. Jurons-nous à
« l'ombre de notre maronnier d'être fidè-
« les, comme l'est la nature à le rever-
« dir chaque printemps. »

Il travaillait, il traçait, il émondait
en me parlant ainsi. Moi, je ne faisais
rien, je ne lui répondais pas, je l'écou-
tais dans une sorte d'ivresse, d'enchantement. Il avait cessé de parler, et j'é-
coutais encore. Ah! Claire, que je suis

heureuse! je ne demande rien que d'entendre toujours Jules me parler ainsi. Sa voix est si douce, son ton si pénétrant, sa figure si expressive! il n'est pas une partie de mon être qui ne jouisse auprès de lui. Est-il vrai que le mariage ajoutera à ma félicité? Que peut-il y ajouter? Dis-le-moi, Claire.

Ma mère vient nous trouver. Je lui montre le maronnier et le chiffre; elle les connaissait comme moi. « Puissiez-vous,
« mes enfans, vous aimer aussi long-
« temps que durera ce gage de votre
« amour! — Maman, quand on aime
« une fois, n'est-ce pas pour la vie ?

« — Ambroise, je vous recommande
« particulièrement ce petit jardin. J'y
« viendrai travailler souvent avec ma
« fille et M. de Courcelles. Rétablissez
« le cours de ce petit ruisseau, obstrué
« de toutes parts. Son cours lent et ré-
« gulier est l'image d'une vie heureuse
« et tranquille. »

Jeannette accourt. Elle nous annonce madame Rigaud. Nous allons la recevoir. Elle sourit aussi en nous regardant Jules et moi. Nous ne disons cependant rien qui puisse l'éclairer. L'amour heureux ne peut-il se cacher? Elle est aimable madame Rigaud. Elle répand de l'intérêt sur tout ce qu'elle dit, et elle parle de tout, excepté de l'amour. A la vérité, elle a quarante ans.... Hé bien! qu'importe? Ne peut-on se rappeler un beau jour parce qu'il est écoulé? Le jour nébuleux qui lui succéde, n'en rend-il pas le souvenir plus précieux? Ah! jusque sous les glaces de l'âge, Jules et moi nous aimerons à célébrer nos premières amours. La politesse de madame Rigaud, les agrémens de sa conversation nous forcent à l'écouter, à lui répondre, et pas un mot qui aille à mon cœur, qui flatte celui de Jules! Quel temps elle nous fait perdre!

On dit qu'il y des femmes qui savent

dissimuler. Comment donc font-elles ? Que je me taise, ou que je parle, mon cœur est toujours à découvert. Maman me regarde d'une manière qui m'annonce qu'elle pénètre mon mécontentement et qu'elle ne l'approuve pas. Elle veut parler et elle paraît embarrassée sur le choix de ses expressions. Peut-être craint-elle de me nuire dans l'esprit de madame Rigaud ; peut-être aussi désire-t-elle nous mettre tous à notre aise. « Mon aimable voisine, dit-elle enfin,
« vous rémarquez sans doute la con-
« trainte de ces deux jeuns gens, et
« vous n'en pouvez deviner la cause :
« je vais vous la dire. Ils s'aiment de-
« puis long-temps, et hier M. de Méran a
« arrêté leur mariage pour une époque
« assez éloignée, il est vrai ; cependant
« la joie qu'ils ont ressentie ne leur a
« laissé que la faculté de jouir de leur
« bonheur, et leur a ôté celle de s'ex-

« primer, et même d'être à la conver-
« sation. Excusez-les.

« — Comment, madame la comtesse,
« que je les excuse! ce qu'ils éprouvent
« est très-naturel, et j'aime à les voir
« heureux, comme je l'ai été à leur âge.
« L'aspect de ce couple charmant me
« rappelle à des souvenirs bien doux.
« Permettez que je les en remercie, et
« que je les félicite. » Madame Rigaud
nous a embrassés tous deux. De quel pesant fardeau je suis débarrassée! Que je sais de gré à ma mère de s'être expliquée franchement! Nous sommes avec nos confidens, et, en leur présence, on se laisse aller à l'impulsion de son cœur.

Nous avons cessé de nous contraindre. Jules s'est approché de moi. Il m'a demandé ma main; je la lui ai laissé prendre. Il m'a parlé amour; je lui ai répondu. Il y avait dans nos idées une incohérence, un désordre, qui ne devaient pas donner une opinion favorable de notre esprit : quand on aime, on dit toujours bien pour soi; on doit rarement plaire aux autres. J'ai regardé madame Rigaud ; elle m'a paru attendrie. J'en ai conclu que l'amour n'est jamais si touchant, que lorsqu'il déraisonne, et que la liaison des pensées, la correction du langage prouvent du calcul et par conséquent un cœur froid.

Le dîner a été charmant. Jules et moi avons fait l'histoire de notre petit ménage depuis.... Mais depuis hier, jusqu'à.... jusqu'à.... Mais, je crois, jusqu'à la plus extrême vieillesse. Je ne suis pas vaine ; mais j'avoue avoir esquissé des tableaux que les Grâces n'eussent pas désavoués : quand on est dans l'enchantement, on peint toujours bien le bonheur. La vigueur du pinceau de Jules entraînait maman et madame Rigaud avec une force irrésistible. Elles souriaient; elles pleuraient; elles me pressaient tour-à-tour dans leurs bras.

Dès ce moment, l'étiquette a été bannie du château. Madame Rigaud y passe une journée ; nous allons le lendemain nous établir chez elle. Sans cesse elle entend l'expression du sentiment le plus pur et le plus vrai. Ce langage ne paraît pas l'ennuyer, car elle est toujours avec nous. Peut-être quand on a passé l'âge d'aimer, croit-on rétrograder en voyant la félicité des autres. Peut-être est-ce là une des jouissances de notre arrière-saison.

Maman s'attache tous les jours davantage à madame Rigaud. Moi, je la trouve charmante. Peut-être encore sa complaisance ajoute-t-elle quelque chose à son mérite. Croirais-tu qu'elle la porte jusqu'à passer des heures entières avec nous dans le petit jardin ? Il est entièrement restauré. Je le trouve délicieux. Oh ! ce maronnier, comme il s'élève, depuisque sa tige est débarrassée des vilaines plantes qui en dérobaient une partie! Comme il est droit, vert, majestueux! Et ce chiffre! avec quel plaisir je m'arrête devant lui! Que je rêve là doucement! Quelquefois madame Rigaud me jette sa pelotte de coton pour me tirer de ma rêverie ; maman me dit que je suis un enfant ; je ne sens, je n'entends rien. Jules paraît ; je cours au-devant de lui. Il a seul le pouvoir de m'arracher au maronnier, ou plutôt le maronnier n'est qu'un trophée érigé à l'amour : il n'est précieux que lorsque Jules n'est pas avec moi.

Je reçois ta réponse. Tu me félicites, ma bonne Claire ; mais tu me crois plus heureuse que prudente. J'aurais parlé, dis-tu, si mon père ne se fût expliqué très-à-propos, et ne m'eût épargné une démarche répréhensible. Je ne sais ce que j'aurais fait, Claire ; mais je m'applaudis avec toi de n'avoir rien à me reprocher. Le terme fixé pour notre mariage t'effraie. Pourquoi donc? Crois-tu qu'on se lasse d'être heureuse? Et je le suis tant! Tu me conseilles d'être toujours auprès de ma mère, ou de madame Rigaud. Je n'en vois pas la nécessité. Mais il est vraisemblable que ces dames pensent comme toi, parce qu'une d'elles est sans cesse avec nous. Que m'importe? Il nous est permis de tout dire ; n'est-ce pas comme si nous étions seuls?

Ton mari t'aime tendrement, et tu as la certitude d'être mère dans quelques mois. Je partage avec toi ce double bonheur ; je t'en fais mon sincère compliment. M. de Villers a, dis-tu, des momens de vivacité, qui t'embarrassent, qui t'effraient quelquefois. Permets que je te conseille à mon tour. Un homme vif n'est jamais à craindre pour l'objet qu'il aime. Ne heurte point M. de Villers; laisse-le dire. Souris-lui, embrasse-le, quand il sera calmé; il te demandera pardon. Tu vas t'écrier que je parle en femme raisonnable; que tu étais loin de me croire cette connaissance du cœur humain. Ma chère amie, je ne veux pas d'éloges que je n'ai pas mérités. Le moyen que je t'indique a souvent été employé par ma bonne mère et toujours avec succès. On ne se défie pas de l'enfance et ce que j'ai vu et entendu, il y a neuf ou dix ans, ne s'effacera jamais de ma mémoire.

Ces dames et Jules suivent l'allée qui conduit au petit jardin. Jules se tourne à chaque pas du côté du château. Oui, oui, mon ami, je t'entends, je te suis. J'ouvre ma croisée; je fais voltiger mon mouchoir. Je suis entendue; Jules me répond de la main. Je te quitte, Claire. Je vole où m'appelle l'amour.

On vient de remettre à maman un énorme paquet de mon père, il renferme une lettre de monsieur à madame

Rigaud. Notre cher mécanicien annonce l'envoi de plusieurs métiers. Il a joint à sa lettre les plans des hangars qu'il faut faire construire. Il engage sa femme à aller à Argentan, à y voir les ouvriers de toute espèce, à leur communiquer les plans, à leur faire rédiger leurs devis. Il prie M. de Courcelles d'accompagner sa femme, de la seconder. Il n'y a pas, dit-il, un moment à perdre. Il est clair que mon père a trouvé de l'argent.

Jules et moi nous nous regardons tristement. Nous séparer, pour combien d'heures, lorsque nous sommes si bien ensemble ! voilà ce que disent nos yeux. Maman nous a entendu. « Mes enfans, « il le faut. La politesse et votre intérêt « l'exigent. — Mademoiselle, je ne gar- « derai M. de Courcelles que trois jours. « — Trois jours, madame, pour aller « à Argentan, à deux lieues d'ici ! — « Trois jours, sont-ils donc si longs, « mademoiselle ? — Ils passent rapide-

« ment quand je suis avec lui. — Adèle,
« ma fille, le maronnier te restera.—Et
« quel sera l'appui de Jules, maman?
« — La satisfaction de travailler à assu-
« rer votre union. Résignez-vous, mes
« enfans. — Il le faut bien. »

A propos, et la lettre de mon père ? Maman ne finit pas de la lire : il est vrai qu'elle a huit pages d'une écriture très-serrée. Ah! elle me parvient enfin. J'attire Jules sur le banc ; nous tenons chacun un côté de la lettre ; nous lisons ensemble. J'avais passé mon bras autour de son cou.... Je l'ai retiré, Claire ; je l'ai retiré aussitôt.

Mon père a trouvé cinq cent mille francs à un intérêt raisonnable. Il a passé son acte d'association avec M. Rigaud, et il a versé ses fonds dans ses mains. M. Rigaud va faire des acquisitions considérables en laines. Dans deux mois l'entreprise sera en pleine activité. Mon père oublié, ignoré maintenant, a cependant conservé à Paris un ami puissant, qui fait le bien, lorsqu'il en trouve l'occasion. Il n'est plus douteux que les draps nécessaires à l'habillement des armées, seront fournis par M. Rigaud. Mon père termine cet article très-long, par deux lignes charmantes : il s'applaudit à chaque instant du parti qu'il a pris, parce qu'il assure la félicité de sa fille chérie et de son fils adoptif.

Il a été chez M. d'Estouville. Il s'est fait accompagner de MM. de Merteuil et du Fernage. L'explication a été vive; mais M. d'Estouville a fini par convenir qu'il n'a pas le droit de contraindre son neveu. La lettre de Jules a singulièrement contribué à le calmer : il a paru satisfait du ton de respect et d'affection qui y règnent. Il persiste cependant dans le dessein de ne laisser son bien qu'à celui qui s'attachera à son sort, et qui prendra soin de sa vieillesse. Avec quel plaisir je vois qu'il n'existe plus d'inimitié entre l'oncle et le neveu! Que nous importe la fortune de M. d'Estouville? ne sommes-nous pas riches déjà? ne le serons-nous pas davantage dans quelques années; et, à la rigueur, ne le serions-nous pas assez de notre amour?

Ah! M. de Méran a été te voir plusieurs fois, et tu l'as accueilli comme un second père. Je t'en remercie, Claire. Probablement il ne t'a pas dit tout ce qu'il pense de toi : je vais te l'apprendre. Tu es plus jolie que jamais; ta grossesse te donne un air de langueur qui te sied à merveille; tu es toujours ce que tu fus ici, bonne, douce, spirituelle, aimable; ton mari raffole de toi; tu fais son bonheur et celui de tous ceux qui t'appartiennent; enfin, tu tiens ta maison avec une facilité, une noblesse qu'on rencontre rarement dans une femme de vingt ans. Si mon père étoit là, je l'embrasserais sur les deux joues pour la justice qu'il te rend. Il finit sa lettre en nous annonçant son prochain retour.

Ah! mon Dieu! madame Rigaud ne propose-t-elle pas à Jules de partir dès demain? Où serait donc l'inconvénient de différer d'un jour ou deux? Je combats la résolution de madame Rigaud. Maman me fait observer que si Jules ne part qu'après-demain, il reviendra un jour plus tard : je baisse la tête et je n'ajoute pas un mot. Pauvre Jules! pauvre Adèle!

Où iront-ils loger? dans quelque mauvaise auberge où ils manqueront de tout. Trouve-t-on quelque chose à Argentan? Je veux qu'il soit là comme ici...... à la présence près de son Adèle, que rien ne peut remplacer. Et moi, comme je vais être seule! Ah! Claire, c'est la première fois que nous nous quittons depuis qu'il est sorti de son lycée et qu'il est entré chez mon père.

Je fais une revue exacte dans l'office et dans les armoires où maman serre ses petites friandises, et je fais des paquets de ce qu'il y a de mieux. J'envoie Jeannette à la cave; je lui ordonne d'arranger un panier du meilleur vin; de faire rouler ensuite un coucher complet dans une banne, et de le faire charger sur le cabriolet dans lequel ils monteront demain matin. Si M. de Méran était avec nous, je n'oserais disposer ainsi de ce qui est au château; mais maman est si bonne! Peut-être n'ai-je fait que la prévenir. Où donc est-elle? où sont-ils tous les trois? Jules part demain, et il peut perdre un seul instant! Leur absence me laisse au moins la liberté de tout arranger à mon gré.

Ah! le voilà. Il a mis quelques effets dans une valise. Ces soins-là étaient indispensables, et je l'accusais! Il faut savoir réparer une injustice, et je n'ai qu'un moyen pour cela : c'est de me montrer plus aimante que je ne l'ai paru encore. Il est bien doux d'effacer ainsi ses torts. Je me consolerais d'en avoir à chaque instant, en m'abandonnant sans réserve à la vivacité de mon amour.

Il m'écrira, Claire, il m'écrira tous les jours d'Argentan ; je lui répondrai ; maman le permet, sous la seule condition que les lettres de Jules lui seront adressées, et qu'elle fera partir les miennes. Elle veut lire les unes et les autres, rien n'est plus clair. Eh bien, elle aura une jouissance de plus, et nous un témoin irrécusable de l'innocence de notre amour.

Notre souper est triste, bien triste. Je pense que, dans quelques heures, je ne le verrai plus. Il fait la même réflexion : je lis sa pensée dans ses yeux. Maman n'est pas gaie, sans doute parce qu'elle nous voit souffrans. Madame Rigaud veut animer la conversation. Peine inutile. Personne ne lui répond, et l'esprit ne produit pas long-temps seul.

Tu vas dire, Claire, que notre chagrin est de l'enfantillage ; que trois jours sont un point imperceptible de la durée de notre existence. Tu diras tout ce que tu voudras : le raisonnement ne peut rien contre le sentiment. J'éprouve qu'en amour la perte la plus légère est immense. Il n'est au pouvoir de personne de me persuader le contraire.

Maman remarque qu'il est l'heure de se retirer : c'est dire que nous nous fassions nos adieux. Des adieux ! ce mot a quelque chose d'effrayant, de funèbre. « Jules, remettons ce moment à demain. « N'ajoutons pas une nuit à celles que « nous passerons éloignés l'un de l'autre. « Celle-ci s'écoulera plus doucement « par l'espérance de nous revoir en-« core. » Il sort plongé dans une profonde tristesse. Maman me conduit chez moi : elle veut me faire un conte. Ah ! je suis incapable d'écouter. Madame Rigaud est plus adroite : elle me parle de son retour ; de la joie que Jules et moi aurons à nous retrouver. Elle fixe mon attention ; elle la soutient par la grâce, le charme de ses tableaux ; elle me console. Madame Rigaud a aimé. Oh ! elle a aimé bien tendrement : l'expérience seule peut donner cette connaissance approfondie des replis du cœur humain.

Je n'ai pas dormi, Claire, et la nuit ne m'a pas paru longue. Je l'ai passée à répéter ce que m'a dit madame Rigaud, à ajouter des tableaux aux siens, à laisser errer mon imagination sur les scènes de bonheur qui se succédaient sans interruption.

Le jour paraît. Je m'habille, je descends. Maman, Jules, madame Rigaud, m'ont devancée. Comment ont-ils donc fait ? Si je n'avais craint que maman m'accusât de folie, je serais là depuis deux heures.

Le domestique, qui doit les conduire, vient les avertir que leur voiture est prête. Je lui fais sa leçon ; je m'épuise en recommandations : il semble que la route d'ici à Argentan soit semée de précipices, et c'est le plus beau chemin du monde. Que veux-tu, Claire ? Peut-être ne cherché-je que des prétextes, pour retenir Jules quelques instans de plus.

Voilà le moment redouté ; le voilà, Claire, puisque c'est le dernier. Je n'ai pas la force de lui parler. Que lui dirais-je, d'ailleurs, qui pût exprimer ce que je sens ? Il tient ma main ; je le regarde ; une larme s'échappe de ma paupière ; je l'essuie furtivement. En portant mes yeux sur les siens, je le vois s'efforcer de retenir des pleurs, qui coulent malgré lui. Ma main lui échappe ; madame

Rigaud l'entraîne; je cache ma peine dans le sein de maman. Elle me conduit au marronier; elle me le montre. «Adèle, « c'est ici que tu le reverras. »

Que signifient ces éclats de rire? Nous passons dans la cour; nous trouvons nos gens arrêtés devant le cabriolet. Il est encombré de manière à n'y pas faire entrer une épingle : ce que je faisais de mon côté, maman l'avait fait du sien. « Ces dames, dit madame Rigaud, en « riant de tout son cœur, ont cru que « nous partions pour les Grandes Indes.» Maman a ri; Jules a ri; j'ai ri avec eux. Il m'est démontré maintenant que les extrêmes se touchent.

Il faut décharger le cabriolet, et faire un choix dans les choses qu'on y a entassées. Au moins une heure de gagnée, Claire. Mais dans une heure, il faudra revenir aux pénibles sensations qui nous affectaient si fortement, il y a quatre minutes. Ah! lorsqu'un mal est inévitable, il n'y a pas à différer : il faut se résigner, se présenter et recevoir le coup.

C'en est fait, il est parti cette fois. Mon pauvre cœur est oppressé. Maman me parle. Hé! que me font des mots? Il n'y a que des larmes, qui puissent me soulager. J'en trouve, Claire; elles coulent en abondance; et je me sens mieux. Oh! je suis seule, absolument seule. Je le cherche dans tous les lieux qu'il animait, qu'il embellissait de sa présence. Une solitude désolante, un désert aride ont succédé à la vie, au mouvement. Oh! si je me séparais de lui pour toujours, je mourrais, je le sens, et la mort serait le plus grand bien qui pût m'arriver : c'est le seul remède à d'éternelles douleurs.

Pourquoi donc cette soif de richesses? Quarante mille livres de rente n'auraient-elles pas suffi aux besoins de tous? Jules et moi aurions-nous demandé quelque chose à mon père? Aurait-il été forcé à diminuer son train? Nous aurions vécu comme nous vivons maintenant. M. de Méran pouvait commencer notre félicité, en jouir lui-même demain, aujourd'hui, hier. Mais on nous impose trois ans d'attente ; et qui sait ce qui peut arriver pendant un espace aussi long? Jules sera assujéti à un travail qui lui dérobera presque tout son temps. Que lui restera-t-il à donner à l'amour? Dans trois ans, nous aurons deux cent mille francs de revenu! Hé! nous aimerons-nous davantage, et le bonheur réside-t-il dans le faste et le superflu? Il est en nous; c'est là qu'il faut le chercher, et non sous des monceaux d'or, qui doivent flétrir et dessécher le cœur.

Je m'arrête. Je crois que je raisonne mal, Claire. Je répons du cœur et de la conduite de Jules. Mais des parens, qui ont de la prudence, marient-ils un homme de vingt ans? Ai-je bien moi-même ce qu'on exige d'une maîtresse de maison? Est-ce à seize ans, dépourvue de tout usage du monde, timide quelquefois jusqu'à paraître embarrassée, que je pourrais diriger mes gens, leur inspirer du respect, régler les plaisirs d'un cercle, y développer la dignité aimable qui plaît et qui impose? M. de Méran peut-il consentir à ce que Jules renonce à la fortune de son oncle, sans lui offrir l'équivalent de ce qu'il me sacrifie? Bornera-t-il ses espérances à cette terre, qui produit à peine le quart des revenus de M. d'Estouville, et n'est-il pas dans la nature qu'un père soit flatté de voir sa fille posséder de grands biens? Quand je juge avec désintéressement, je ne trouve rien à opposer à ces raisonnemens-là. Je sens que la sagesse même règle la conduite de mes parens; que ce sont eux, et non moi qu'il faut croire; que je dois bénir leur prévoyance, leur bonté, et me soumettre sans murmure. Voilà ce que je me dis à présent, et dans quelques minutes, mon cœur reviendra tout entier à Jules, à l'amour; je me laisserai aller à des plaintes indiscrètes, déplacées. Pauvre jeune fille! je n'ai plus une heure de calme; je change d'opinion à chaque instant, et cependant je suis heureuse de cet avenir même, qui se montre encore si loin de moi. Étrange opposition d'un individu avec lui-même! Ces combats entre mon cœur et ma raison dureront-ils, Claire?

Le cabriolet ne revient pas. Sans doute Jules a voulu m'écrire avant que de le faire repartir. Peut-être écrit-il en ce moment. Je vais lui écrire aussi. Forte de son absence, je laisse courir ma plume; je ne cherche pas une expression; elles se présentent en foule, et elles sont toutes délirantes.... Non, cette lettre ne partira pas. Il y a trop d'amour sur ce papier. Qu'il rentre au fond de mon cœur; qu'il ne s'en échappe que des lueurs que puisse avouer la plus rigoureuse décence. Ne dois-je pas d'ailleurs présenter mes lettres ouvertes à maman ? Oui, je bénis sa prévoyance. Je sens la nécessité de m'y soumettre.

Qu'il serait heureux cependant s'il lisait cette lettre !... Mais son estime, mais ce que je me dois !... C'en est fait, Claire, la lettre est en morceaux. J'ai fait une bonne action, car je suis contente de moi.

Je descends auprès de ma mère. J'écrirai sous ses yeux. Sa présence calmera mon imagination, et il ne m'échappera pas un mot indigne d'elle et de moi.

C'est cela ; c'est bien cela. Je ne laisse percer qu'un sentiment doux. Jules suppléera ce que je ne peux lui dire. « Tu « parais embarrassée, Adèle. Écris à ton « ami, comme si ta fille devait lire tes « lettres un jour. Parle-lui à son retour « comme tu voudras que parle ta fille à

« l'amant que tu lui auras choisi. » Je me lève ; j'embrasse maman de tout mon cœur, et je me jure à moi-même de ne jamais oublier ces conseils.

J'entends le pas d'un cheval, un bruit de roues.... C'est le cabriolet qui rentre.... oui, le voilà. Je cours, je vole. Firmin me remet la lettre que j'attendais. Je la prends, je porte la main sur le cachet.... je m'arrête. Je me souviens de ce que j'ai promis à ma mère. Je reviens en courant ; je lui présente le paquet. Elle l'ouvre, elle lit ; elle me remet la lettre. « Tu peux la lire, mon enfant.
« Les expressions sont tendres ; mais
« ce sont celles d'un cœur honnête. »

Une première lettre de lui ! Conçois-tu ma joie, mon ravissement ? Jules a tracé ces caractères : oh ! combien ils sont précieux pour moi ! Je ne lis pas, je dévore. Je relis, pour relire encore, et je crois toujours lire pour la première fois. Je m'échappe ; je cours sous le marronier ; je veux réunir tout ce qui parle à mon cœur. Là, je pèse, j'interprète chaque mot. Je trouve, je rétablis le vrai sens, caché sous une réserve indispensable. Je porte la lettre sur mes lèvres ; je la serre dans mon sein ; je l'en retire pour la baiser encore, pour la relire.... je suis hors de moi.

Et Jules ? ne saura-t-il pas que je me suis occupée de lui, que je ne peux m'occuper d'autre chose ? N'éprouve-t-il pas le besoin de me lire ? Ne lui rendrai-je pas le bien qu'il me fait ? Je rentre au château. Je presse maman de faire repartir Firmin. Elle a lu, elle a cacheté ma lettre ; elle en est contente ; elle me permet d'en disposer. Je cherche Firmin. Le pauvre homme se repose. Je souffre du surcroît de fatigue que je vais lui imposer ; mais dans une heure Jules peut avoir ma lettre. Et j'attendrais à demain ! non, non, cela est impossible. Je parle à Firmin. Mon ton est doux et caressant ; je presse lorsque je peux commander. Effet certain de la bonté sur ceux qui sont dans notre dépendance ! Dès que Firmin m'a comprise, il se lève ; il va à l'écurie ; je ne le quitte pas, et pendant qu'il selle un cheval, je l'interroge sur Argentan, sur l'auberge, sur ce qu'y fait Jules, sur ce qu'il dit ; je demanderais presque ce qu'il pense. Au départ de mon courrier, je connais le *Lion Rouge* et la chambre de Jules, comme si je l'avais accompagné.

J'apprends, au retour de Firmin, qu'il s'est enfermé avec ma lettre, et qu'il n'a plus reparu. Il a travaillé toute la journée. Madame Rigaud se loue infiniment de son intelligence et de son activité. Elle croit possible de nous le ramener demain au soir. Oh ! oui, cela est possible, très-possible. Qu'elle me le ramène, et le baiser de la reconnaissance sera le prix de ce qu'elle aura fait pour moi.

Firmin rapporte une lettre de mon père. Surcroît de bonheur ! bonheur inespéré ! Il arrive aussi demain soir avec M. Rigaud. Oh ! il faut que Jules revienne ; il le faut absolument. Au point du jour, je renvoie Firmin à Argentan. Quelle réunion précieuse comblera demain tous mes vœux ! Et je n'aurai passé qu'une nuit loin de Jules ! J'emploierai ce temps à arranger une petite fête : ce sera celle de la piété filiale et de l'amour. « Une petite fête, n'est-ce pas, maman ? « Tu le permets ? — Je t'y invite. Je t'ai-« derai dans tes dispositions. »

L'idée de Jules est unie maintenant à celle de mon père. Ces deux êtres-là sont inséparables ; Adèle les porte tous deux dans son cœur. Je m'en occupe exclusivement dans ce lit dont la vivacité de mes sensations semble avoir banni le sommeil. Des paysannes vêtues de blanc; des bouquets et des rubans à leur corset... des guirlandes de fleurs présentées par elles à mon père, et attachées, par Jules et moi, sous le berceau où il sera assis. Elles formeront une espèce de dais sur sa tête. Maman, placée à côté de lui, partagera nos hommages. Monsieur et madame Rigaud... les bords du ruisseau illuminés...une musette...un repas champêtre.... Mes yeux se ferment.... Je n'ai pas dormi la nuit dernière; je cède, malgré moi, à la fatigue et aux douceurs du repos.

CHAPITRE V.

Une petite fête.

Dix heures, dix heures! Est-il possible de dormir ainsi quand on attend son père et son amant? Je m'habille à la hâte ; je descends ; je prends à peine le temps de déjeûner, et je cours le village : je n'ai pas un instant à perdre.

J'ai rassemblé six paysannes, jeunes, un peu hâlées, mais jolies. Je les emmène avec moi. Je les introduis dans le grand parterre : je ne veux pas qu'on arrache une feuille au petit jardin. J'invite Ambroise à se réunir à elles, à trancher sans pitié le lilas, le seringat, l'anémone, la jonquille et l'humble muguet.

Je préside aux travaux, j'encourage mes petites ouvrières ; dans une demi-heure nous avons d'énormes faisceaux de fleurs. Je les fais porter à l'ombre ; Ambroise va chercher des cerceaux, des bottes de jonc, et assis tous ensemble sous le grand tilleul, nous travaillons avec ardeur à faire nos guirlandes. Maman paraît sous son grand chapeau de paille ; elle se place au milieu de nous. La chansonnette se fait entendre ; elle égaie notre travail ; elle ajoute à notre activité.

Ah! mon Dieu! j'ai perdu la tête. J'ai oublié de faire partir Firmin pour Argentan. Il faut que Jules sache que son bienfaiteur arrive aujourd'hui. Il est dans les convenances qu'il se rende ici pour le recevoir. Madame Rigaud n'a rien à opposer à un semblable motif. Je ne dirai pas un mot de notre amour dans mon billet ; j'aurais l'air d'avoir cherché un prétexte pour satisfaire mon cœur, et j'affaiblirais la raison que je veux donner comme l'unique cause de mes instances. Il y a bien un peu de calcul et de ruse dans ce que je fais là ; j'en conviens, Claire. Mais tu conviendras aussi que tout cela est très-innocent.

Je prends le crayon de maman. Je trouve un chiffon de papier dans son sac. J'écris cinq à six lignes ; je les lui montre ; je les donne à Firmin ; il part comme le vent. Jules reviendra ce soir. Oui, oui, il reviendra.

Hé ! mais il nous faut de l'artillerie, pour célébrer dignement le retour de mon père. Maman a chargé le garde-chasse de distribuer de la poudre à ceux de nos habitans qui ont de vieilles canardières. Bon ! oh ! quel bruit ils vont faire ! Elle a ordonné le souper ; il sera servi sous la coudrette. Point de livrée ; rien qui rappelle la servitude. Les jeunes filles apporteront les plats. Quand elles seront habillées, ce seront autant d'Hébé.

« Idée heureuse, excellente maman. »

Oh, mon Dieu, je n'entends rien à travailler le jonc; mes fleurs se détachent; quelques-unes se brisent. Mes jeunes filles rient de ma maladresse.... « Jean-
« nette, du fil, du gros fil, du fil en
« quantité. Dépêchez-vous, courez,
« volez. »

Où donc est allé Ambroise ? Ah ! il arrange les cerceaux qui doivent supporter les guirlandes. « Et une musette,
« maman ? Où trouverons-nous une mu-
« sette ? Le ménétrier du village ne joue
« que du violon, et son instrument n'a
« que trois cordes. — L'instrument qui
« plaira le plus à ton père, est celui qui
« résonnera sous tes doigts. Ce soir, on
« apportera le piano dans ton petit bos-
« quet. — Et des verres de couleur, ma-
« man ? — Tu ne penses pas à ceux qui
« t'ont si bien servi à ma fête. — Jean-
« nette, Jeannette, allez vite dans le
« petit grenier. Faites descendre ces
« verres; qu'on les nettoie; qu'on les

« apporte ici. Nous étudierons la manière
« la plus avantageuse de les placer à l'ef-
« fet. Est-ce bien tout, maman? Ne
« manque-t-il plus rien? — Je ne le
« crois pas, ma fille. — Finissons nos
« guirlandes, et allons dîner. — Dîner
« à midi! Ma pauvre Adèle, tu crois
« abréger le temps, en faisant en quel-
« ques heures ce qui pourrait t'occuper
« pendant une journée. —Tu as raison,
« maman. Mon agitation, le mouvement
« que je me donne, la célérité que je
« mets à tout, ne font pas aller plus vite
« les aiguilles de ma montre. Hélas! »

Que ce jour est long, Claire! Nos dispositions étaient multipliées; elles sont faites, et j'ai encore cinq à six heures à attendre! Le temps s'arrête-t-il pour l'être impatient? Je vais, je reviens, je repasse partout; je m'afflige tout de bon de ne trouver plus rien à faire. Je tire ma montre, je regarde la pendule; je ne peux m'en rapporter à elles. Je consulte le cadran solaire : le soleil ne marche pas aujourd'hui. Je me dépite, je m'ennuie, je bâille, je me fâche sérieusement; je suis en ce moment le petit être le plus déraisonnable qui existe dans la nature.

Ah! la cloche sonne enfin. Enfin nous allons dîner. Une heure à table; une autre employée à tout revoir, à répéter mes instructions, à m'assurer qu'elles sont conçues, qu'elles seront bien exécutées, et nous verrons après.

Firmin est de retour. Madame Rigaud croit toujours pouvoir revenir aujourd'hui; mais il lui est impossible de déterminer l'heure. Elle croit! Peut-on s'exprimer ainsi! Ne se doute-t-elle pas que je compte les minutes, que je suis sur des charbons? Elle croit! Et Jules! qui ne me répond pas un mot! Il est au milieu de dix à douze ouvriers, dit Firmin. Des charpentiers, des serruriers! Et que suis-je donc, moi?... Ne sens-tu pas, injuste petite créature, qu'il se hâte de tout terminer pour te revoir plus tôt? Un regard de lui ne vaut-il pas vingt lettres? « Dînons, maman, dînons. »

Elle ne finit pas. J'aurais dîné trois fois, pendant qu'elle mange cette aile de volaille. Je ne suis pas maîtresse de moi; je saute sur ma chaise; je me sens prête à m'envoler. Oh! Claire, quel mal m'aurait fait ce cœur-là, si on m'eût refusé Jules! Maman a la bonté de ne pas se fâcher. Elle pardonne à ce qu'elle appelle mon enfantillage. Oh! non, non, je ne suis plus un enfant. L'enfance ne connaît pas ce feu divin qui circule dans mes veines.

Enfin maman se lève. Je cours de tous les côtés; je cherche à étendre mon horizon. Etourdie que je suis! Quand Jules est parti, j'étais affligée, navrée, absorbée. Je n'ai pensé ni au belvédère, ni au télescope. Mon œil contristé eût accompagné Jules jusqu'aux portes d'Argentan. Je reviens sur mes pas, je monte, j'ajuste l'instrument. Voilà l'enceinte de la ville ; les murailles sont au bout de ma lunette ; je crois respirer le même air que lui. Déjà je suis heureuse.

On me touche le bras ; je me tourne : c'est maman. « Adèle, ta façon d'aimer
« ne vaut rien. Nos facultés sont bornées,
« et tu uses l'amour avant le temps. —
« L'amour, maman ! c'est l'éther, le feu
« céleste qui anime tout ; il est indes-
« tructible. — Viens faire un piquet à
« écrire. — Un piquet, maman, quand
« j'attends Jules, quand je suis fixée ici
« par l'espoir de voir sortir le cabriolet
« d'Argentan dans une heure, dans une
« minute, à l'instant même ; quand je
« peux le suivre à travers le feuillage
« jusqu'à la grille du château ! Je ne se-
« rais pas au jeu. Dispensez-moi de
« jouer, ma bonne mère ; laissez-moi
« ici. — Et ton père, qui peut-être arri-
« vera le premier ? — Tu as raison. En-
« voie un domestique à la dernière poste ;

« qu'il y prenne un cheval quand ces
« messieurs y arriveront ; qu'il revienne
« ventre-à-terre. Je descends, je vole
« au-devant de mon père, je me préci-
« pite dans ses bras. Mais, par grâce,
« laisse-moi ici. — Quelle enfant ! quelle
« enfant ! » Elle se retire.

Pour l'empire du monde je n'éloigne-
rais pas mon œil du télescope. Est-on
en prison dans cette ville ? Personne
n'en sort. Vous verrez que madame Rigaud ne se mettra en route qu'après
avoir fait écrire le dernier clou, la dernière cheville. Quelle femme ! Et je
croyais qu'elle avait aimé !

Ah ! ah ! une voiture..... Hé, non, ce
n'est pas cela. Monsieur Jules avait bien
affaire d'accepter une pareille proposition ! Est-ce au fils d'un chef d'escadre
qu'il convient de se mêler de hangars ?...
Allons, allons, n'est-ce pas l'amour qui
le fait descendre de son rang ? Dois-je
lui reprocher un oubli dont je suis l'u-

nique objet? D'ailleurs mon père, esclave de l'honneur, juge irrécusable de tout ce qui s'y rapporte, aurait-il souffert que l'homme qui doit être son fils eût à rougir à ses propres yeux et à ceux des autres?... Ah! un cabriolet! caisse et roues jaunes! Le voilà, le voilà!... Non, non. Ce cheval est blanc; le nôtre est noir.

La nuit s'approche, et dans une heure je ne pourrai plus rien distinguer. Je suis au supplice... Me trompé-je encore? Oh! c'est lui, c'est lui, cette fois! La capote porte dans l'intérieur du cabriolet une ombre qui ne me permet pas de distinguer ses traits. N'importe; c'est lui qui conduit, et je vois un gant chamois, une manche verte. Le voilà, le voilà!

Une longue file d'ormes, qu'on a négligé d'élaguer, me dérobe la voiture. Pourquoi ne pas élaguer tous les arbres? A-t-on besoin d'ombre sur une grande route? Un quart d'heure s'écoulera avant que le cabriolet reparaisse. Oh! cela ne finira pas. Ce cheval ne va point. Ne peut-il le presser? Ah! je l'ai entrevu. Il a mis le cheval au galop; il partage mon impatience. Encore des arbres, toujours des arbres!

Il a dépassé enfin la maudite avenue. Je le revois; je ne le perdrai plus de vue. Oh! c'est bien lui. Son bel œil se porte sur ce belvedère. Son cœur lui dit que je suis là. Dans dix minutes, il sera ici.

Je descends. « Maman, n'est-il pas « dans les convenances que nous allions « recevoir madame Rigaud? — Madame « Rigaud? oui, oui, ma fille, allons « au-devant de madame Rigaud. » Le ton avec lequel elle a prononcé ces paroles tient de la finesse, de la raillerie: je n'ai pas l'air de m'en apercevoir. Je passe mon bras sous le sien ; je l'entraîne. Ma pauvre mère ne marche plus. « Adèle, je ne peux soutenir un « tel pas. Tu ne vois pas que nous cou-

« rons. Je suis fort aise de revoir ma-
« dame Rigaud ; mais je ne crois pas
« qu'il soit nécessaire d'aller au-delà
« de la grille. — Eh! maman, nous la
« rencontrerons vis-à-vis de la ferme,
« et tu ne seras pas sortie de tes domai-
« nes. — Adèle, tu n'ignores pas que je
« te pénètre. Souviens-toi de cette vé-
« rité, elle te sera utile dans beaucoup
« de circonstances : qui fait trop, dépasse
« le but et n'y revient jamais. — Mais
« maman.... — Asseyons-nous ici, ma-
« demoiselle. »

Il n'y a rien à répliquer à cela : je me soumets. Nous sommes assises sur un banc qui touche à la grille. Si tu voyais, Claire, ta bonne amie, allongeant son nez en l'air et ses bras à travers les barreaux, s'y appuyant avec force, tu dirais qu'elle veut renverser, reculer au moins cette grille. Ce que tu aurais dit, maman vient de me le dire. Je me retire précipitamment ; je croise mes mains sur ma poitrine; je me tais. Mais mon cœur bat avec une violence !

Le cabriolet tourne enfin ce coude où est la laiterie, tu sais, où nous gâtions tout, en voulant faire du fromage. Jules nous voit.... Il ne se donne pas le temps d'arrêter ; il ouvre la voiture ; il s'élance ; il est à côté de nous. « Que faites-vous, « monsieur ? lui dit ma mère. Vous lais- « sez une dame, que vous êtes chargé « de conduire. Vous l'exposez aux ac- « cidens que peut causer votre impru- « dence. » Il retourne, il prend la bride du cheval, il le conduit. Il fait à madame Rigaud les excuses les plus polies, les plus franches. Nous l'avons toujours dit, Claire ; il a le cœur excellent.

Madame Rigaud descend, et nous prenons tous les quatre le chemin du château. Elle ne cesse de louer Jules ; c'est-à-dire qu'elle parle charpente, mécanique, draps jusqu'à satiété. N'aurons-nous pas le temps de nous occuper de tout cela, quand le moment sera venu ? J'ai bien d'autres affaires dans la tête aujourd'hui. Je n'ai pas vu Jules depuis deux jours, et au bout de deux jours on a tant de choses à se dire ! aussi nous disons, nous disons, que ne disons-nous pas ? Je détaille à mon ami mes dispositions pour la fête du soir. Je lui en donne la surintendance ; je veux qu'il en ait tout l'honneur aux yeux de M. de Méran. Je suis longue dans mes descriptions, parce qu'il m'interrompt souvent. A propos d'une fleur, il me parle de moi. A propos de la joie que j'aurai de revoir mon père, je peins à Jules un sentiment, qui n'est pas l'amour filial. Oh ! que nous sommes bien comme cela ! je tiens son bras ; je le regarde, il me sourit avec une tendresse, une expression ! Tout-à-coup, nous cessons de parler ; nous reprenons la parole ensemble, et cependant nous nous entendons à merveille. Des mots ne sont pas nécessaires quand on aime comme nous.

Désordre charmant, abandon délicieux, non, rien ne peut vous être comparé. La pudeur même, qui fait souvent expirer la parole sur mes lèvres, n'ôte rien aux jouissances de l'amour. Mon trouble, ma rougeur, l'agitation de mon sein ne disent-ils pas plus que je ne saurais exprimer, et maman peut-elle me défendre cela?

Antoine rentre dans la cour du château. Il a vu mon père et M. Rigaud arriver à la dernière poste. On lui tenait un cheval prêt. Il a été comme l'éclair. Dans peu d'instans je réunirai autour de moi tout ce qui m'attache à la vie. « Jules, vous m'avez bien comprise? — « Parfaitement, ma charmante amie. — « Je me repose entièrement sur vous de « l'exécution. — Vous me quittez, Adè- « le! — Je vais recevoir mon père. — J'y « vais avec vous. Pensez donc que j'ai

« été trente-six heures sans vous voir,
« et qu'un moment ne suffit pas à mon
« cœur. — Et dites-moi, monsieur, qui
« dirigera le feu roulant? Qui conduira
« M. et madame de Méran sous le petit
« bosquet? Qui ménagera à mon père
« des surprises répétées? Mon ami, nous
« nous reverrons cent fois dans la soirée
« et un sourire de notre bienfaiteur nous
« dédommagera des privations volon-
« taires que nous allons nous imposer. »
Tu vois, Claire, combien je suis raisonnable quand il le faut. Oh! sache-moi gré de ma conduite. Tout le mérite m'en appartient : je te jure qu'elle m'a peu coûté.

Jules a rassemblé nos Mousquetaires. Il les range des deux côtés de la grille; il visite les armes; il m'assure que tout ira bien; il court donner un coup d'œil au bosquet. A peine il nous a quittées que le fouet des postillons se fait entendre dans l'éloignement. Maman, madame

Rigaud et moi nous courons à la grille : maman va très-bien, quand elle le veut. Ah! elle prend la grande route; elle marchera, dit-elle, jusqu'à ce qu'elle rencontre la berline. Elle a raison : elle doit plus à mon père qu'à Jules et à madame Rigaud. Une tendre épouse ne peut jamais *dépasser le but*. Oh! Jules, je ferai tout pour toi, et peut-être croirai-je ne jamais faire assez.

Maman fait signe de la main aux postillons : ils prennent le petit pas. Mon père les fait arrêter; il descend; il est dans nos bras. Nous marchons tous ensemble. Il est entre ma mère et moi ; il semble se partager entre nous. M. Rigaud chemine avec sa femme : tout le monde est content.

Nous ne sommes plus qu'à vingt pas de la grille. Mon père va rentrer chez lui au milieu d'un déluge de feu. Il lui rappellera le combat d'Ouessant, où il s'est immortalisé. Combien il va être étonné, satisfait! je ne me sens pas d'aise.

Mon grand-maître de l'artillerie est revenu à son poste. J'entends le commandement *apprêtez armes, en joue, feu.* Mon père sourit ; il m'embrasse.

Désolation de la désolation! les armes manquent, ou font long feu : Jules m'en avait cependant répondu. Il arrive au bruit de deux ou trois coups, qui se succèdent de loin en loin. « Quelle pou-
« dre avez vous donc distribuée ? dit-il
« au garde-chasse. — Monsieur, j'ai
« gardé la meilleure pour le service du
« château. » Jules fait une scène à ce pauvre homme ; M. de Méran gronde et le menace. Ce malheureux est père de famille. Perdra-t-il sa place pour quelques coups de fusil de plus ou de moins? Je fais signe à sa femme, qui, cachée dans la foule, cherche à jouir de la fête. Elle approche ; elle tient un enfant de chaque main. Mon père les voit ; sa phy-

sionomie se remet. Je prends son bras ; Jules offre le sien à maman ; nous marchons vers le bosquet.

Mes petites paysannes, jolies comme des anges, se présentent avec une grâce naïve. Elles nous enlacent de leurs guirlandes ; elles nous conduisent au trône de gazon qu'elles ont préparé. Nous y plaçons monsieur et madame de Méran. En un clin d'œil, les guirlandes ont formé sur leurs têtes une couronne émaillée et odorante... Autre accident ! les cerceaux fléchissent sous le poids des fleurs; ils crient; ils se rompent; l'édifice, élevé avec tant de soins, s'écroule ; mon père et ma mère sont ensevelis sous les roses et le jasmin. Nous les dégageons, et pour ramener la sérénité sur le front de M. de Méran, je cours à mon piano. Jules m'y accompagne : nous nous disposons à chanter cet air si joli de la piété filiale.... Quelle fatalité me poursuit donc aujonrd'hui ! L'humidité du bosquet a pénétré l'instrument. Il est discord ; il m'est impossible d'en tirer quatre sons de suite. Je m'afflige, je me désole ; mon père se fatigue de ces contre-temps répétés ; il fronce le sourcil. Jules se hâte de faire allumer les verres de couleur. Il ordonne qu'on serve le souper.

Ah ! du moins, l'illumination réussit à merveille ; elle est d'un effet charmant. Mais le souper est mal servi ; il n'y a pas d'intelligence dans l'arrangement des plats ; les sauces ont été renversées dans le trajet du château au bosquet. Il est décidé que rien ne réussira ce soir. Il y a de quoi perdre la tête ! je ne sais plus ce que je fais, ce que je dis.

Bientôt une pluie affreuse vient mettre le comble à toutes mes infortunes. Les plats sont inondés, mon piano perdu ;

les verres de couleur s'éteignent les uns après les autres; nous sommes mouillés jusqu'à la peau. Nous regagnons le château en courant; mon père glisse dans une allée du jardin, il tombe; Jules se précipite; il le relève, et je crois entrevoir qu'il est couvert de boue. Je voudrois être à cent pieds sous terre.

Nous rentrons. Chacun se retire de son côté; nous changeons de la tête aux pieds; nous nous retrouvons au salon. Je suis humiliée, confuse, rouge jusqu'au blanc des yeux. « Il n'y a pas « d'événement qui n'ait son côté moral, « dit M. de Méran. Souvenez-vous, ma « fille, que ce qu'on fait avec précipi- « tation réussit rarement. — Mais, re- « prend ma mère, toute la prévoyance « humaine ne peut empêcher un orage. « — Allons, allons, mes enfans, ne pen- « sons plus à cela. Adèle, dis qu'on nous

« serve des œufs à toutes sauces, car
« il faut enfin souper. »

Je ne cours pas, je vole. J'ordonne
et j'exécute à la fois, trop heureuse de
faire oublier mes très-récentes disgrâces.
Je furette dans tous les coins de l'office,
et dans une demi-heure de temps je parviens à faire servir un repas qui a l'air
de quelquechose. Je me garde bien d'ouvrir la bouche; Jules est aussi silencieux que moi, et s'il nous arrive de
lever les yeux, c'est pour nous regarder
à la dérobée.

« Ma chère Adèle, me dit enfin mon
« père, je te sais bon gré de l'intention,
« et au moins ta fête n'a pas eu de suites
« désastreuses. Cependant, ajoute-t-il
« en riant :

« Si je croyais aux présages,
« Je sens que j'aurais grand' peur. »

« Qu'en dites-vous, M. Rigaud ? Une

« fête, donnée pour célébrer notre as-
« sociation, notre retour, le commen-
« cement très-prochain de nos travaux,
« et qui finit aussi mal, peut donner
« lieu à de tristes réflexions? » Tout cela
est dit gaîment, et nous rions tous des
présages, et des accidens qui en ont
amené l'idée. Bientôt on ne s'occupe
plus que du présent; on se livre au plaisir de se trouver réunis, et demain,
mon premier soin sera de faire disparaître tout ce qui pourrait rappeler cette
malencontreuse soirée.

Jules m'a prévenue. Il ne reste plus
de traces de mes petits chagrins d'hier,
et j'ai le bon esprit de n'y plus penser.
Puis-je, d'ailleurs, m'occuper d'autre
chose que de Jules, quand je suis avec
lui? Ah, Claire! qu'il est aimable, qu'il
est aimant! Comme il parle! Pour s'exprimer ainsi, il faut être tout amour.
Oh! je le sens, je parlerais comme lui,

6.

si je me laissais aller à l'impulsion de mon cœur. Mais, mon amie, lui répondre ainsi, serait jeter de la poudre sur des charbons ardens ; nous sortirions bientôt des bornes que nous nous sommes prescrites, et je n'oublierai jamais que tu me conseilles d'être partout avec lui, comme si ma mère était présente. Je ne dis rien ; mais j'écoute dans un ravissement dont je ne peux te donner d'idée. Être charmant, tu me deviens nécessaire comme l'air que je respire !

Que cette matinée est belle ! Quel prestige l'amour répand sur tout ce qui l'environne ! Je le répète, une plante, une fleur, un brin d'herbe, tout me paraît animé du bonheur qui me pénètre. Il a pris mon bras ; il tient ma main ; la sienne lui parle : oh ! comme elle est éloquente ! oh ! comme la mienne lui répond !

« Cessons, Jules, cessons. Cette si-

« tuation est trop forte. Elle est brû-
« lante ; je ne peux la soutenir plus
« long-temps. » Je dégage mon bras,
je m'éloigne de lui, je m'arrête, il me
regarde, je lui souris, il se rapproche,
maman paraît, je vais à elle, je l'embrasse, j'oppose un sentiment à un
autre, je suis calme en rentrant au
château.

On ne parle au déjeûner que d'affaires sérieuses, et on ne dit pas un mot
qui ne se rapporte à Jules. Il va être
continuellement occupé. Il le sera, ainsi
que je l'ai prévu, de manière à n'avoir
que de courts intervalles à donner à
l'amour, et il serait si doux de lui consacrer toute notre vie ! Aujourd'hui
même, il doit recevoir les devis des
différens ouvriers ; il discutera avec eux
les intérêts communs. Dès demain, il
fera arriver les bois de charpente ; il
suivra tous les travaux. M. Rigaud le

guidera d'abord, c'est-à-dire que si je visite les ateliers, nous serons obsédés sans cesse par quelqu'un, par des étrangers, devant qui il faudra imposer silence même à nos yeux. C'est bien dur, Claire !

CHAPITRE VI.

Le premier baiser d'amour.

Six jours sont à peine écoulés, et l'enclos de M. Rigaud est devenu méconnaissable. Tout y est renversé, encombré; on ne sait où mettre le pied. Ici résonne la hache; là, s'élève une forge, dont le foyer brûle avant qu'elle soit couverte. La chèvre, le levier, la bisaiguë, crient sous les bras vigoureux qui les remuent. Les ouvriers vont, viennent, rient, chantent et jurent tout à la fois; il y a de quoi devenir sourd. M. de Méran se promène au milieu de ces vastes ateliers. Il encourage par sa présence; il récompense le zèle et l'industrie; il est à tout. Hier, M. Rigaud le comparait au roi Idoménée, bâtissant la ville de Salente, et mon père n'a pu cacher le plaisir que lui a fait la comparaison.

Et ton amie, que crois-tu qu'elle fasse au milieu de ce désordre apparent? Crois-tu qu'elle se soit oubliée ? non, Claire. Elle s'est entendue avec Jules, et Jules a fait élever une maisonnette en planches, bien simple, bien gaie, et décorée d'un joli papier. Pour les autres, c'est son cabinet ; pour nous c'est un temple érigé à l'Amour. Il est assez spacieux pour que quatre à cinq personnes y soient fort à leur aise. Dans l'endroit le plus éclairé, Jules a placé son bureau, ses plans, ses crayons, ses livres de compte : c'est le digne architecte du roi Idoménée. Tout près de là, il a ménagé un petit coin que remplit exactement ce lourd métier, qu'on ne déplace pas comme on veut. Plus loin est une chiffonnière. Mademoiselle Adèle brode au métier ; maman et madame Rigaud cousent ou festonnent. On parle peu ; on pense beaucoup. Jules sort, rentre sans cesse, et chacun de ses mouvemens m'autorise à lever les yeux... sur lui, Claire.

On ne peut pas toujours broder. Quelquefois je sors avec lui. Nous courons ensemble ; je saute d'une pièce de bois sur une autre ; j'évite un outil tranchant ; pour cela, le bras ou la main de Jules me sont nécessaires, et l'Amour glane où il ne peut moissonner.

Nous nous rendons ordinairement chez M. Rigaud après le déjeûner. Quelquefois nous dînons chez lui ; souvent il vient dîner avec nous. Le soir, nous nous rassemblons sous mon marronier. Papa et M. Rigaud parlent draps ; maman et madame Rigaud parlent ménage ; Jules et moi nous parlons amour. Les journées s'écoulent dans une agréable activité, et je viens d'éprouver que le travail est le contre-poids des passions: l'oisiveté les nourrit et les accroît. Je travaillerai, Jules travaillera : l'exaltation de sa tête et de la mienne n'amènent que des dangers. Quand elles sont échauffées et que nous sommes seuls, nous aimons plus qu'il le faut, plus que nous le devons. J'en suis encore effrayée. Écoute, Claire, écoute.

Il est arrivé aujourd'hui une quantité considérable de laines. Madame Rigaud est particulièrement chargée de cette partie. Jules reçoit les laines, les inscrit; elle les fait emmagasiner, remuer, aérer. Elle a été occupée de ces soins pendant la plus grande partie de la journée, et maman, qui sans paraître s'occuper de rien, observe tout, a oublié, pendant une grande heure, son utile surveillance. Elle a été.... je ne sais où, et je suis restée seule avec Jules. J'avoue que mon premier mouvement a été de plaisir : la réflexion m'a ramenée à un sentiment de crainte, d'une crainte vague, dont je ne pouvais trop me rendre compte. Mais est-il possible, Claire, de redouter long-temps l'homme qu'on adore? L'aiguille est tombée de ma main; je suis restée les deux bras appuyés sur mon métier, les yeux fixés sur Jules. Il avait aussi laissé tomber sa plume, et quand on se regarde ainsi, comment ne pas s'approcher? Insensiblement nos chaises se sont touchées; nos mains se sont enlacées; nous parlions en mots entrecoupés, très-bas, et de trop près. J'ignore réellement comment je suis arrivée là; mais je me suis trouvée sur les genoux de Jules; mon visage touchait presque au sien; je respirais son haleine; la mienne l'enivrait; nous étions hors de nous. Tout à coup, Claire, nos lèvres se sont rencontrées, se sont fixées; une puissance surnaturelle semblait les rendre inséparables. Quel baiser! Quel feu, quel désordre, quelle volupté il a porté dans tous mes sens ! Je voyais le danger : je n'avais ni la volonté, ni la force de m'y soustraire. Je périssais, si Jules eût été un homme ordinaire. Il n'avait qu'à vouloir, qu'à commander. Il ne l'a pas voulu : grâces lui en soient rendues. Il a détaché ses lèvres des miennes ; il m'a repoussée doucement ; je me suis retrouvée sur ma chaise ; il a éloigné la sienne ; il s'est levé ; il est sorti.

Je suis restée en proie à mes réflexions, et j'en faisais d'affligeantes. Convaincue de l'énormité de ma faute, forcée de m'avouer que je ne suis rien que par la générosité de Jules, j'ai senti mon infériorité, et cette sensation humiliante m'a arraché des larmes. Je me suis promis de tout avouer à maman, de la conjurer de ne pas me quitter une minute. J'ai pensé bientôt que cette mesure nous exposerait Jules et moi à des reproches bien mérités ; qu'elle provoquerait peut-être l'arrêt de notre séparation ; qu'au moins on nous priverait de la liberté honnête dont nous jouissons, et je n'ai pas eu le courage de donner des armes contre lui et contre moi. Je me suis mise à son bureau ; j'ai pris sa plume ; je lui ai écrit quelques lignes. Je n'ai pas affecté une fierté à laquelle ma faiblesse l'aurait empêché de croire. Je me suis montrée ce que je suis. Je l'ai supplié de m'épargner à l'avenir, d'éviter les occasions d'être seul avec moi. Je lui ai rappelé que mon innocence est un dépôt que M. de Méran lui a confié. Je ne lui ai pas reproché de l'avoir ternie : j'étais sa complice, ou plutôt je me suis laissée entraîner comme lui à la plus périlleuse, mais à la plus délicieuse ivresse. J'ai caché mon papier sous un de ses plans ; je suis sortie ; j'ai cherché maman ; je lui ai dit que j'étais indisposée ; je suis rentrée au château ; je me suis enfermée chez moi. Pour les mines de Golconde, je n'aurais point paru devant Jules en ce moment : il avait sur moi trop d'avantages et de supériorité.

Quel baiser, Claire, quel baiser ! Je ne l'oublierai de ma vie. Oh ! il m'a éclairée, tout-à-fait éclairée ; je n'ai plus de questions à te faire ; je sais maintenant ce qui manque à mon bonheur et à celui de Jules. Je suis étendue sur ma chaise longue, la tête et le cœur pleins de ce terrible et si doux baiser. Je me le reproche amèrement, et j'en appelle un second avec une violence dont je ne suis pas maîtresse, et que je ne peux avouer qu'à toi. Je regarde mes serins avec envie ; je ne peux en détacher mes yeux. Heureux petits êtres, qui ne connaissez que l'impulsion de la nature, et qui cédez sans contrainte et sans remords à l'attrait du plaisir..... Où vais-je m'égarer !

Je m'arrache de cette chambre, je parcours le château, et partout je porte avec moi le trait empoisonné.

Ma mère, inquiète de ma santé, me cherche, me rencontre, me parle. Oh! maman est mon ange tutélaire. La voir, l'écouter, c'est revenir à moi, c'est former la résolution d'être toujours digne d'elle.

Ce soir, en jouant sous le marronier, il m'a glissé un papier. C'est la réponse à mon billet. J'ai pris le sien à la dérobée; je l'ai caché dans mon sein palpitant. J'étais mécontente de moi : je dissimulais, j'avais un secret pour ma mère; j'oubliais qu'elle doit lire avant moi tout ce que Jules m'écrit, et mes réflexions et mes regrets n'ont rien pu contre le charme qui me subjuguait. Une voix intérieure me disait, au contraire, que l'amour seul doit lire ce qui ne peut être senti que par lui. Cette voix toute-puissante a fait taire celle de ma conscience. Voilà des torts, des torts graves. Hé! qui n'en a pas quelques-uns dans sa vie ?

Impatiente de parcourir ces précieux caractères, j'abrège la durée de nos jeux; je me hâte de me renfermer chez moi. Je tire le talisman de mon corset protecteur.... Oh! Claire, quelle lettre! C'est un brasier que j'avais caché dans mon sein. Si maman lisait cet écrit, tout serait perdu, terminé ; une séparation, dont je ne pourrais me plaindre, serait la suite de ces transports décevans et indiscrets. Pourquoi m'écrire ainsi? N'a-t-il pas vingt ans? Ne sait-il pas qu'une pauvre jeune fille, dont le cœur s'ouvre à peine à l'amour, ne peut résister à toutes ses forces réunies? Il me demande pardon de s'être oublié dans son cabinet; il s'accuse de ma faiblesse ; il professe pour moi la plus haute estime, et il parle de ce baiser avec un délire qu'il me communique à l'instant, et qui étouffe mes remords. Est-il capable d'un plan de séduction ? Veut-il couvrir de fleurs le précipice qu'il creuse sous mes pas? Oh! non, non, il est bon, honnête, délicat. Pouvait il régler ses expressions au moment où j'avais fait passer dans son âme tous les feux qui embrasaient la mienne? S'il avait pu m'écrire avec quelque réserve, je lui aurais reproché de ne pas m'aimer, et en effet il ne m'aimerait pas. Mais ce style ravissant, ce baiser peint avec une vérité telle, qu'en lisant je crois le recevoir et le donner encore, tout cela me transporte, m'accable, me tue. Dix lettres comme celle-là, et c'en est fait de ma sagesse ou de ma vie. Et cependant, Claire, je ne peux ôter mes yeux de dessus ce dangereux papier. Je l'ai lu vingt fois, je le sais par cœur, et je le relis encore. J'ajoute à ce qu'il dit; je lis ce qu'il pouvait dire.... insensée ! Ne dit-il pas assez, et ce que je dis moi-même vaut-il ce qui est écrit? .

Je me mets au lit. Je place ce billet sur mon cœur : il le corrode, il le brûle. Je l'éloigne pour le reprendre, pour m'exposer encore au même supplice, pour savourer la même ivresse. Le sommeil fuit, et si par intervalles il appesantit ma paupière, cette lettre, ce baiser se retracent à mon imagination enflammée. Il n'est donc plus de repos pour moi ni le jour, ni la nuit.

Les premiers rayons du soleil me surprennent dans ces alternatives de regrets et de jouissances. Je me lève fatiguée, excédée, et cet accablement même est ma sauve-garde : il rappelle ma raison. Elle agit seule, lorsque je suis incapable de sentir. Je sais ce qu'elle exige de moi. Le sacrifice est cruel. N'importe; je vais le consommer à l'instant. Dans un moment, peut-être, je ne le pourrais plus, je ne le voudrais plus.

Je tiens ce papier, je le tiens ouvert, tendu; mes doigts se contractent; je vais le mettre en pièces.... Oh! que je lise une fois encore.... Non, non, si je le relis, je le remettrai dans mon sein; je le relirai cent fois dans la journée, et ma raison s'égarera sans retour.

Je suis à genoux, Claire, à genoux devant ce billet. Je le couvre de baisers et de larmes. Je sens renaître l'amour et ses transports. Je me hâte ; je n'ai qu'une seconde à moi; je la donne au devoir.... Sa lettre est en lambeaux; ses débris couvrent mon parquet.

Je les ramasse avec un respect religieux. Je les porte encore sur mes lèvres ; je les y reporte encore, et en détournant la vue je les place sur ma lampe de nuit. Orgueilleuse de ma victoire, j'attise le feu avec une joie féroce. Je m'arrache le cœur et je crois jouir.

Oui, je jouis en effet. Cette crise terminée, je sens que j'ai rempli un devoir indispensable, et malheur à celle qui a fait ce qu'elle a dû et qui n'est pas contente d'elle!

Je ne lui écrirai plus; je lui défendrai de m'écrire, non avec le ton timide d'une amante qui demande grâce, mais avec la fermeté d'une femme qui veut être obéie. Jamais non plus je ne serai seule avec lui; j'en contracte l'engagement devant toi, Claire, j'en jure par ce que je dois à mes parens, à moi, à Jules lui-même, à qui je veux épargner un crime. Punis-moi, dénonce-moi à ma mère, ôte-moi son estime, sa confiance, fais-moi séparer de l'homme que j'adore, si je viole ma promesse.

Je suis là, toujours là, immobile à ma place; et sais-tu ce qui m'occupe en ce moment? Je rougis de te le dire; mais je me suis imposé la loi de ne rien te cacher. Qui me défendra de moi-même, si je dissimule avec toi? Je suis fixée vis-à-vis de ces oiseaux; je les regarde avec avidité; leurs caresses reproduisent ce trouble dangereux que je redoute tant, et qui a tant de charmes! Eux aussi connaissent le baiser! Oh! que leur sort me semble digne d'envie! Ce spectacle me ramène aux institutions sociales, à leur origine; je n'ai plus qu'un pas à faire pour les attaquer, les haïr, pour n'admettre que la nature et ses lois. Je me séparerai de mes serins; j'éloignerai de moi tout ce qui me rappellerait un moment d'oubli, tout ce qui m'en ferait désirer un second. Madame Rigaud a trouvé ces oiseaux jolis; je vais les lui offrir. Elle croira que je m'impose une privation; elle m'en saura gré. Oui, c'en est une; mais elle ignorera toujours de quel genre elle est.

La cage est détachée. Je la prends, je l'emporte; ce nouveau sacrifice est fait...
A quoi pensé-je? La pauvre mère couve

ses petits. Elle les abandonnera ; ils perdront la vie, parce que j'ai reçu un baiser de feu ! Le soin de ma sûreté me donne-t-il le droit d'être cruelle ? Non, non, vivez, innocens petits êtres, vivez et baisez-vous un jour.

Je remets la cage à sa place. Mais je faufile un rideau ; mais je l'attache entre moi et le frêle asile du bonheur ; mais je charge Jeannette de pourvoir aux besoins de la petite famille ; mais je me promets de n'entrer dans ma chambre que lorsque les amours sommeilleront, et d'en sortir avant leur réveil. Es-tu contente, Claire ?

Je passe chez ma mère. C'est là que je suis bien ; c'est là que j'échappe à moi-même. Elle est indisposée. Je ne la quitterai pas d'aujourd'hui. J'ordonne à Jeannette de garnir le lit qui est dans ce cabinet. Tendre mère ! Comme elle est sensible à ces attentions ! comme elle

loue ce qu'elle appelle la tendresse filiale!
Ah! Claire, qu'il est cruel de recevoir des éloges et de sentir qu'on ne les mérite pas!

CHAPITRE VII.

Le second baiser.

J'ai été imprudente, dis-tu. Oh! oui, bien imprudente. Tu ne me juges pas coupable. Je ne crois pas l'être en effet. Tu trembles que je le devienne, tu me conseilles, tu me pries, tu m'ordonnes de fuir Jules, de ne plus lui écrire, et surtout de ne jamais recevoir de lettres de lui; tu me conseilles.... Que ne me conseilles-tu pas? Ah! Claire, le moment où tu vis M. de Villers, décida la plénitude de ton bonheur. Le juger, l'aimer, lui plaire, être à lui, a été l'affaire d'une semaine. Tu n'as pas eu le temps de désirer, et qu'il est facile de conseiller les privations du sein de l'abondance !

Ne t'alarme pas de ce que je te dis. Tu remplis envers moi les saints devoirs de l'amitié, et je me montrerai digne de ta tendre sollicitude. Oui, je combattrai sans cesse, et je vaincrai, je l'espère, parce que je ferai tout pour vaincre. On oublie la lettre qu'on a écrite ; je pourrai donc lui écrire quelquefois. Mais je lui défendrai de me répondre, parce qu'il est impossible de se détacher des caractères divins que trace cet homme-là.... Que dis-je ? Sera-t-il en sa puissance de m'obéir? Aurai-je la cruauté de lui inspirer des desirs que je ne voudrai point partager ? L'exposerai-je à combattre seul? Non, non, je rétablirai le calme dans son cœur agité, et pour cela il faut ne pas lui écrire, il faut même ne pas lui parler amour.

Que de sacrifices! et à qui vais-je les faire ? A l'espérance d'un peu d'or. Ah!

dis-moi, mon amie, est-ce dans ton opulence que tu trouves le bonheur ? Le nécessaire, une chaumière, et l'homme qu'on adore ne suffisent-ils pas ?... Je m'arrête. Ces réflexions me rendraient ingrate, injuste envers mon père, et d'ailleurs il n'est pas de puissance capable de rien changer à ses résolutions, quand il a prononcé. Parlons d'autre chose.

Trente métiers sont déjà montés. Dans quelques jours nous en aurons soixante en pleine activité. La fabrication est rapide, et les débouchés sont certains. M. Rigaud a terminé tous ses marchés avec le ministère. Il s'est engagé à fournir vingt mille aunes de drap par mois. Les prix sont très-modérés, et cependant les bénéfices sont immenses. Dans le premier trimestre, mon père touchera dix fois ce qu'il faut pour payer les intérêts de la somme qu'il a empruntée. L'allégresse est dans tous les cœurs. Elle se peint sur toutes les physionomies. Les heures de repos s'écoulent au sein de tous les plaisirs qu'il est possible de se procurer ici. Tous les soirs mon marronier prête la fraîcheur de son feuillage aux jeux les plus animés. Ma mère et madame Rigaud ne dédaignent pas de se mêler à la jeunesse du voisinage. M. de Méran a cessé de l'éloigner du château depuis qu'il sent les avantages et par conséquent la nécessité de vivre avec ses inférieurs. Mais malheur à qui s'écarterait de l'étiquette qu'il a établie! Son exclusion serait aussitôt prononcée.

Au reste cette étiquette n'a rien de trop gênant. Elle ne s'observe qu'à l'égard de monsieur et de madame de Méran. Ma grande jeunesse n'inspire pas encore ce triste respect si inférieur à une saillie de gaîté. On m'aime, cela vaut mieux et je fais tout ce que je peux pour le mériter. Réservée avec les jeunes gens, je mets nos demoiselles à leur aise. Je préviens leurs desirs, je place chacune d'elles dans le jour qui lui convient. Toutes n'ont pas de l'esprit, et toutes paraissent en avoir. Elles me quittent satisfaites de moi et impatientes du lendemain.

Il y a là un petit monsieur bien lourd, bien gauche, bien plaisant, qui m'a fait l'honneur de me remarquer. Il est toujours auprès de moi ; il me regarde sans cesse et ne me dit pas un mot. S'il parlait, j'en rirais ; si M. de Méran l'entendait, il le ferait jeter dans les fossés du château : le crime le plus irrémissible pour un roturier, serait d'oser s'occuper de moi. Les idées bien connues de mon père à cet égard, lient peut-être la langue de M. Hubert. Au reste, il n'est pas très-maladroit aux petits jeux, et *le gage touché* lui vaut souvent quelque chose.

Madame Hubert est une bonne grosse

femme, aussi ridicule que son fils, qu'elle a la bonté de trouver charmant. Elle répète souvent qu'il aura cent mille francs un jour et qu'il peut prétendre aux partis les plus distingués. Pour me mettre à portée de faire une application, elle ajoute que je suis une demoiselle accomplie sous tous les rapports et.... Elle arrête sur le *et*, parce que je la regarde d'un air qui signifie clairement que je ne veux pas entendre le reste. Elle m'excéderait, si elle n'avait des tours de phrase d'une originalité à démonter la gravité la plus imperturbable.

Hier, nous jouions à notre ordinaire. J'ai été obligée deux ou trois fois de prêter mes joues à M. Hubert. Croirais-tu, Claire, que Jules a fait une mine qui m'a effrayée. Je ne sais s'il a dit quelque chose à mon père; mais un instant après, *le gage touché* a été interdit avec une sévérité qui ne permettra plus d'y penser. Jules jaloux! et de qui, bon Dieu!

de M. Hubert. Existe-t-il un homme que je puisse lui préférer, qui puisse même soutenir avec lui aucune espèce de comparaison ? N'importe, les familiarités lui déplaisent, je ne m'amuserai plus de M. Hubert, me suis-je dit, je ne rirai plus de sa chère maman. Oh! mon bien-aimé, si je ne peux combler ta félicité, au moins t'épargnerai-je jusqu'au plus léger chagrin. Tu te plaindras peut-être de notre destinée; de moi, jamais.

Je n'ai pas voulu qu'il rentrât chez lui avant que j'eusse dissipé le nuage qui obscurcissait sa figure charmante. J'ai été le prendre au milieu du cercle. Je l'ai conduit à un tertre, sur lequel maman et madame Rigaud étaient assises. Là, je me suis expliquée avec toute la franchise de mon âme. Honteux de me voir réparer, avec cette publicité, une faute qui n'existait que dans son imagination, il a rougi, balbutié ; il a voulu nier sa petite et ridicule jalousie.

Je lui en ai arraché l'aveu. « Mon ami,
« lui ai-je dit ensuite, qui me refuse une
« confiance illimitée, ne m'estime point
« et ne mérite point mon amour. Je puis
« vous déplaire ; mais je ne saurais être
« coupable, et si vous avez quelqu'idée
« de la justice, vous me parlerez quand
« il m'arrivera de vous affliger. Mon
« empressement à vous rassurer, à vous
« calmer, à reconnaître des torts sans
« doute bien involontaires, vous prou-
« vera que mon cœur est tout à vous,
« qu'il ne bat que par vous et pour vous,
« et qu'une modestie excessive et dé-
« placée peut seule vous faire craindre
« des rivaux. »

Oh ! mon amie, si tu l'avais vu alors,
il t'eût attendrie. Quelques touffes de
lilas et de rosiers nous cachaient au reste
de la compagnie. Il est tombé à mes
pieds, à ceux de ma mère. Il les a pressés, embrassés ; il nous a demandé pardon à toutes deux. Il m'a juré une es-

time sans bornes; mais il m'aime trop, dit-il, pour n'être pas jaloux, même de l'air que je respire, et il ne peut supporter de me voir donner avec facilité à d'autres des baisers dont je suis si avare envers lui. Des baisers, Claire! il appelle cela des baisers! Il m'en a donné un, lui! C'est celui-là qui en mérite le nom, et qui jamais ne s'effacera de ma mémoire.

Je l'ai relevé, je l'ai mis dans les bras de ma mère ; elle l'a embrassé! Je l'ai embrassé à mon tour, je l'ai embrassé plusieurs fois, et je ne lui ai pas donné un baiser. Je lui ai rendu seulement ce que j'avais accordé à ce vilain petit Hubert. Je ne peux plus le souffrir; sa grosse mère m'est insupportable. Je ne leur parlerai plus, je ne les regarderai plus; ma froideur les bannira du château. Ils ont inquiété, tourmenté Jules; je ne leur ferai pas de grâce.

Dans huit jours, la première livraison de draps partira pour Paris. M. Rigaud donnera ce jour-là un dîner splendide, où mon père a consenti que les chefs d'àteliers fussent admis, à condition qu'on dînera sur la pelouse, qu'ils seront au bas bout de la nappe, car il n'y aura pas de table, afin que ces gens-là ne puissent pas dire avoir eu l'honneur d'être admis à celle de M. le comte de Méran. M. le comte donne la place du haut à Jules, son agent général, et lui et ma mère auront l'air d'être là sans conséquence, seulement pour encourager nos principaux ouvriers. Un petit bal terminera la fête. Mais il est bien convenu qu'on dansera chez M. Rigaud, et qu'on laissera les chefs d'ateliers boire entre eux sur le gazon : il ne faut pas qu'aucune de ces mains-là touche celle de mademoiselle de Méran.

Qu'est-ce donc, Claire, que le plaisir qui est ainsi calculé ? De quoi jouit-on, quand on redoute sans cesse l'ombre de cette égalité, qui seule répand sur la vie de ceux qui se conviennent, cet aimable abandon, ce charme que je ne peux définir, même en sentant tout ce qu'il vaut ? Mon pauvre père s'ennuyera magnifiquement. Maman aura l'air de s'amuser beaucoup, parce que les opinions, les arrangemens de mon père doivent lui plaire constamment. Moi, je serai avec Jules, et je suis toujours si bien avec lui !

Qu'il est aimable, qu'il est bon ! Croirais-tu que M. Hubert et sa mère sont les objets de ses attentions, de ses prévenances ? Il semble vouloir les dédommager de l'abandon absolu où je les laisse. Il cherche à me faire oublier qu'il a été jaloux, ou peut-être il veut expier ce mouvement de jalousie en caressant l'homme qui l'a excité.

Sa vie et la mienne sont semées maintenant de privations et de chagrins. Qu'est devenue cette gaîté folâtre qui m'animait autrefois? Je regretterais ma paisible indifférence, s'il m'était possible d'exister sans amour. Jules et moi nous nous cherchons par l'effet d'une force irrésistible ; nous nous rencontrons, nous nous évitons, pour nous retrouver et nous éviter encore. Eclairés par notre faiblesse, fermes dans la résolution d'être irréprochables, sans être convenus de rien, nous fuyons les occasions, les jouissances les plus simples et les plus innocentes. Je ne prends plus son bras, ce bras que pressait, que caressait ma main; je ne trouve plus la sienne. Je m'interdis ces riens charmans qui nous faisaient palpiter de joie l'un et l'autre. Nous ne nous parlons plus que devant des témoins, dont la présence nous force à nous circonscrire dans les plus rigoureuses bienséances. Notre bouche a perdu l'habitude de dire *amour*, et le sentiment le plus vif est concentré au fond de nos cœurs. Quels ravages il fait dans le mien ! Je ne vis plus, Claire ; je languis, semblable à la fleur que le soleil a frappée et qui penche sur sa tige flétrie et décolorée.

Quel état ! il est insoutenable, et de long-temps notre sort ne peut changer que par une explosion subite et terrible. Je fais tout pour la prévenir. J'ai confié à maman mes douleurs, mes combats et mes craintes. Je ne lui ai rien caché que ce fatal et ravissant baiser. Avec quelle bonté elle me soutient, elle me console ! Elle ne me conseille pas, Claire ; elle sait que l'amour n'écoute que ce qu'il lui est doux d'entendre, qu'il ne fait que ce qui le flatte. Elle me montre le but dans l'éloignement ; elle me fait pressentir les délices que me réserve l'avenir ; elle s'afflige avec moi sur le présent. Quel trésor qu'une bonne mère !

Avec quelle confiance je te parle ! avec quelle franchise je t'ouvre mon âme ! Prends bien garde, Claire, tu es dépositaire du secret de mon honneur. Ce que je confie à l'amitié doit être couvert d'un voile impénétrable, comme ces antiques mystères qu'on dérobait soigneusement à l'œil des profanes. Ne m'expose pas à rougir devant M. de Villers quand je le reverrai. Hé, quel homme est capable de juger le cœur d'une femme ? Il faut, pour le connaître, avoir nos penchans, notre faiblesse ; les avoir combattus comme nous ; s'être vaincu comme nous dans l'obscurité et le silence ; se contenter, comme nous, du témoignage de sa conscience, et renoncer à la gloire d'éclat que cherchent, qu'idolâtrent, qu'obtiennent des hommes, qui souvent ne la méritent point.

Je crois que ta pauvre amie devient philosophe. Quel maître que l'amour ! Avec quelle facilité il développe nos facultés intellectuelles ! C'est lui qui nous force à observer, à comparer, à juger, et une femme sensible gagne en six mois ce que sa triste indifférence ne lui eût pas donné d'expérience en plusieurs années.

La maison de M. Rigaud était encombrée de ballots de draps. Il avait fallu en mettre jusque dans le château. Tout cela a été chargé ce matin sur des chariots, qui ont été dirigés aussitôt sur Paris. La fête va commencer. Je ne suis point parée. C'est par mes qualités, et non par un luxe qui humilie toujours nos inférieurs, que je veux obtenir la considération de nos bons paysans. Une simple robe blanche, un soulier noir, un de ces chapeaux de paille, qui me coiffent si bien, dit Jules, négligemment noué sous le menton avec un ruban bleu clair, voilà toute ma toilette. M. de Méran a mis un superbe habit brodé, et il a voulu que ma mère se parât de ses diamans.

Ce que j'ai prévu vient d'arriver. Nos villageois s'éloignent de mon père, et ils se rapprochent de moi. A la vérité,

Jules est toujours là; il est leur chef immédiat, et il a su s'en faire aimer. Il est mis aussi simplement que moi. L'art n'a pas défiguré les dons qu'il a reçus de la nature, et il est beau, il est beau, Claire, comme l'Amour adolescent.

On va se placer. M. Hubert s'approche. Jules se jette entre lui et moi. Encore un mouvement de jalousie. Je regarde Jules si tendrement, je lui souris avec tant de douceur! Il est calmé.

M. de Méran est tourmenté au point de me faire de la peine. Hélas! mon digne père n'a d'autre défaut que de ne vouloir point reconnaître un homme sous la bure. Rien n'échappe à madame Rigaud. Elle dit tout haut que M. de Méran est assis d'une manière incommode, et elle ordonne qu'on apporte une table. A ces mots, mon père semble respirer plus facilement.

La table est là. Elle tient juste six couverts. M. et madame de Méran vont s'y placer, et ils invitent M. et madame Rigaud à les suivre. Mon père vient me prendre sur le gazon, où j'étais à côté de Jules, où j'étais si bien ! Je fais signe à mon bien-aimé ; il vient se mettre auprès de moi. M. Hubert rougit, pâlit. Ce jeune homme souffre, et quoiqu'il m'ait fait bien du mal, je ne peux m'empêcher de le plaindre.

M. de Méran a repris toute sa gaîté. Enfans que nous sommes ! A quoi tiennent nos dispositions intérieures ? Souvent à des niaiseries.

Tout en moi est-il sensation, amour, jouissance ? Quel est, Claire, le nouveau plaisir que je goûte en ce moment ? Je n'en soupçonnais pas l'existence. Le pied du bien-aimé est légèrement appuyé sur le mien ; nos genoux, nos jambes se pressent, et je tressaille d'aise et de bonheur. Depuis que j'ai donné et reçu ce baiser enchanteur, je n'ai pas connu de semblables délices. Un second baiser pourrait seul me les faire oublier. Non, non, plus de baisers; je les crains trop. Mais que le feu qui brûle mon cœur se répande dans mes veines, qu'il circule avec mon sang, qu'il se communique à tout mon être; que le pied parle, puisqu'il a aussi son langage. Ce langage, pour être muet, n'est pas moins expressif, et n'est pas dangereux. Je peux à mon gré prolonger ou dissiper le charme. Il suffit de me lever pour qu'il n'en reste que le souvenir.

Mais souvenir d'amour ne s'affaibit pas aisément; souvenir est encore jouissance. Elle se reproduit dans le silence et le recueillement. Mes forces ne suffisent pas à ce que j'éprouve. On a quitté la table, et je me sens mal à mon aise. Mes sensations m'ont-elles trop agitée, ou cette indisposition est-elle naturelle? Je ne sais; mais je la sens augmenter de moment en moment. Personne auprès de moi que Jules à qui il appartenait de s'apercevoir le premier que je suis souffrante. Il s'approche, il est effrayé ; il m'offre son bras ; je suis forcée de le prendre. Tu vois, Claire, qu'il n'y a pas de ma faute.

J'étais arrivée, je ne sais comment, à l'extrémité du jardin. Je pensais à Jules en marchant, et quand je pense à lui, je marcherais des heures entières sans m'en douter. Il y a là, une touffe d'arbres, au milieu de laquelle on a construit un assez joli pavillon. J'avais de la peine à me soutenir, et il a bien fallu que j'entrasse. Il m'a approché un siége ; il s'est assis vis-à-vis de moi. Sa figure charmante exprimait à la fois la crainte et le plus tendre intérêt. Je lui ai souri pour le rassurer. Il n'y a pas de mal à cela.

Toujours craintif, il s'approchait de plus en plus. Il a pris ma main ; je la lui ai abandonnée : je croyais avoir de la fièvre, et il voulait s'en assurer. De la fièvre! je n'en avais pas encore, Claire. Mais bientôt.... fièvre de désirs, de félicité, d'ivresse, pourquoi m'avez-vous quittée?

Où en étais-je? Ah! il tenait ma main, et qu'importait-il qu'il en tînt deux ou une? J'ai avancé la seconde, et tu sens qu'il l'a saisie. Il les caressait, il les cou- couvrait de baisers, et ces baisers allaient droit à mon cœur. Sa jolie tête était presque sur mes genoux; la mienne était inclinée vers lui, et mon œil avide suivait tous ses mouvemens. Il se relève, Claire; je n'ai pas le temps de me retirer, peut-être n'y pensé-je point. Pour la seconde fois, sa bouche rencontre la mienne. Immobile sur mon siége, je le presse dans mes bras; je me sens enveloppée par les siens; nos deux corps enlacés semblent n'en faire qu'un. Notre haleine est embrasée; des torrens de feu passent de l'un à l'autre; la même ivresse nous domine; le même oubli de nous, du devoir, de l'honneur, nous égare. Un instant encore, et c'en est fait de ton amie : elle brûle de tout accorder ; elle trouve tout légitime.

Quel ange de miséricorde a conduit là ma respectable mère ? Inquiète de ne pas me voir, elle me cherchait partout. Elle entre dans ce pavillon, et elle y trouve sa fille dans les bras d'un homme perdu d'amour et de désirs. Elle jette un cri perçant. Non, la foudre tombant à mes pieds ne me causerait pas un tel effroi. Je me sens défaillir, et c'est encore dans les bras de Jules que je perds le sentiment.

La connaissance m'est rendue, et je me trouve dans mon lit. Ma bonne mère est assise près de moi. Oh que son aspect me fait de mal ! Je détourne la tête ; je voudrais me cacher à tout l'univers, à moi-même. « Reviens, me dit-elle, reviens à ta mère, qui te blâme, qui te plaint, et qui t'aime toujours. Ton âge

« est celui des erreurs ; mais où cher-
« cheras tu des consolations et un appui,
« si je t'éloigne de moi par une sévérité
« mal entendue ? Mon enfant, sèche tes
« larmes ; elles ne répareront pas la faute
« que tu as commise ; elles te rendront
« plus faible, et tu as besoin de toute
« ton énergie et de ta résignation.

« Laissons le passé, et occupons-nous
« de l'avenir. Jusqu'ici, tu m'as confié
« toutes tes actions. Fais plus, dévoile-
« moi tes plus secrètes pensées. Sois avec
« moi ce que tu serais avec Claire ; je
« t'aime plus qu'elle, et je suis aussi in-
« dulgente. Prendre l'engagement de me
« decouvrir tes pensées, c'est t'imposer
« la loi de n'en avoir que d'honnêtes, ou
« de rejeter à l'instant celles qui ne s'ac-
« corderaient point avec ce que tu te
« dois. Je sais que mon âge et ma qualité
« de mère doivent t'inspirer une sorte
« de réserve. Eh bien, mon ange, oublie
« ce que je suis. Je te dispense du res-

« pect ; je ne veux que ton affection ;
« mais je la veux toute entière.

« Je parlerai le même langage à M. de
« Courcelles. Je le persuaderai, je l'es-
« père, et je le déterminerai à un sacri-
« fice que votre position respective rend
« nécessaire. — Eh ! quel sacrifice avez-
« vous à lui demander, maman ? —
« Vous ne pouvez habiter plus long-
« temps sous le même toit. Je ne vous
« fais pas de reproches ; j'aime à croire
« que rien n'a été prévu, arrangé par
« vous, que l'occasion a tout fait. Mais
« il est de mon devoir d'empêcher qu'il
« s'en présente d'autres, dont le résultat
« nous serait fatal à tous. Adèle désho-
« norée ; son père furieux armé contre
« son amant ; sa mère mourante de cha-
« grin, et entraînant peut-être après
« elle sa malheureuse fille, voilà les
« maux que peut causer un moment,
« et que nous devons prévenir. — Oui,
« j'ai commis une faute, une grande

« faute, je le sens à la rigueur de la pu-
« nition que vous m'infligez. Je la re-
« çois, maman, avec respect et soumis-
« sion. Mais, dites-moi, où exilerez-
« vous Jules? Pendant quel temps sera-
« t-il banni de votre présence? — Il
« faut, ma fille, qu'il insinue à M. de
« Méran que le bien de notre associa-
« tion exige qu'il loge et qu'il mange
« chez M. Rigaud. Tu le verras tous les
« jours; mais tu le verras avec moi, et
« sous la condition expresse que, lors-
« que nous serons là, tu ne t'éloigneras
« pas de moi de quatre pas. Ici, tu me
« parleras de ton amour, de tes peines,
« de tes combats. J'éclairerai ta faible
« raison; je la soutiendrai; je l'oppo-
« serai à ton cœur. Crois-moi, mon en-
« fant, deux ans et demi sont bientôt
« écoulés, même au sein de l'infortune.
« Doivent ils paraître éternels, quand on
« est soutenu par l'espérance, par la cer-
« titude du bonheur le plus complet qui

« puisse embellir la carrière, souvent
« pénible, que nous parcourons tous?
« Dis-moi, Adèle, approuves-tu mon
« plan, acceptes-tu mes propositions?
« Réponds avec franchise et avec liberté.
« Si tu as quelques objections sensées à
« me faire, parle. Me voilà prête à me
« rendre à la force, à la justesse de tes
« raisonnemens. »

Je m'attendais à des reproches, et
maman me prodiguait les marques les
plus touchantes de sa bonté. Oh! que le
coupable est humilié, quand on lui oppose la générosité et le pardon! Je me
soulève péniblement; je me mets à genoux devant ma mère; j'élève vers elle
mes mains jointes; je balbutie la promesse qu'elle a exigée, et je tombe dans
ses bras. Je me sens pressée sur son sein;
ses larmes mouillent ma joue; les miennes coulent avec abondance.

« Remettons-nous, ma fille. Votre
« père et les personnes qui sont ici vien-

« dront bientôt sans doute demander
« dans quel état vous êtes. Qu'un calme,
« au moins apparent, dérobe à tous les
« yeux la scène douloureuse qui vient
« de se passer. Plus d'espoir de bonheur
« pour vous, si M. de Méran avait quel-
« que soupçon de votre faiblesse. Jamais
« on ne lui en a connu, et qui n'a rien
« à se pardonner, pardonne rarement
« aux autres. »

Qui eût entendu maman s'exprimer ainsi, eût pensé qu'elle a pu quelquefois avoir besoin d'indulgence. Ah! elle unit l'extrême bonté à la vertu la plus pure. C'est une justice que mon père s'est toujours plu à lui rendre; c'est elle qu'il m'a toujours proposée pour modèle.

Ma mère me faisait répéter ce que ma bouche avait tant de peine à prononcer. Ah! Claire, confier ses plus secrètes pensées est facile à promettre. Mais qui peut garantir la fidèle exécution d'un semblable engagement? Je promettais pour complaire à maman, et je la trompais, mon amie, car j'étais toute à la scène du pavillon, et je ne lui en disais pas un mot lorsque Jules est entré dans ma chambre.

Il a tout entendu. Il s'élance, il se précipite aux pieds de ma mère. Il déplore son audace criminelle ; il veut mettre un terme à ses coupables entreprises; il élèvera une barrière entre lui et moi; il s'accuse, il accuse l'amour; une passion insurmontable, effrénée, a tout fait ; il se déclare indigne des bontés de M. de Méran ; il invoque le suprême bonheur ; il supplie ma mère de consacrer les doux nœuds qui nous unissent déjà. Sa pauvre tête s'égare, se perd. Ses idées n'ont pas de suite; ses mots sont sans liaison. C'est un enfant qui déraisonne, qui s'afflige, qui se calme, pour s'affliger encore et se calmer de nouveau.

M. de Méran paraît. Son œil est étincelant. Il a tout entendu aussi. Je voudrais être morte.

« Monsieur, dit-il à Jules, j'avais con-
« fié l'innocence à l'honneur. Vous vous
« êtes chargé de ce dépôt sacré. Quel
« compte maintenant avez-vous à en
« rendre à vous et aux autres? N'allé-
« guez pas un amour indomtable : cette
« excuse est celle des séducteurs. Les
« brigands, qui infestent les grandes
« routes, prétendent aussi être entraî-
« nés par une force irrésistible. L'exac-
« te probité ne transige jamais avec
« le devoir; elle suit invariablement la
« route qu'elle s'est tracée. Je suis fâ-
« ché de vous le dire, monsieur. Je ne
« vous mets plus au rang des honnê-
« tes gens.

« Levez-vous, monsieur, levez-vous.
« Que signifient ces exclamations exa-
« gérées, ces mouvemens impétueux?

8.

« Ils ne m'abuseront pas. Et vous, ma-
« demoiselle, noyez-vous maintenant
« dans d'inutiles larmes. Pleurez l'estime
« perdue de votre père, de votre mère,
« et sans doute celle de votre complice...
« Laissez-moi, monsieur, laissez-moi.
« Me suivrez-vous à genoux jusque
« dans le salon? Rendrez-vous public le
« déshonneur de ma fille? Laissez-moi,
« vous dis-je. Je ne vous aime plus, je
« ne vous connais plus; et si je ne mé-
« nageais en vous la mémoire d'un ami,
« qui m'est bien chère, vous auriez déjà
« reçu des marques de mon ressenti-
« ment. — M. de Méran, mon ami, mé-
« nagez votre fille. Elle suffoque, elle
« périt. Prêtez l'oreille aux accens du
« repentir. Ouvrez-lui votre cœur et
« vos bras. Songez qu'un père est l'image
« de Dieu, qui punit et qui pardonne.
« Bornez le châtiment à la peine que j'ai
« prononcée. Adèle a été faible sans

« doute; mais elle n'est pas indigne de
« votre estime. Rendez-la-lui et par-
« donnez. »

Pardonnez-moi, pardonnez-nous, nous écrions-nous tous trois ensemble, et tous trois aux pieds de mon père : j'avais rassemblé ce qui me restait de forces pour m'élancer de mon lit ; ma mère n'avait eu que le temps de jeter un schall sur mes épaules. Il nous voyait tous trois prosternés, suppliaus; il nous regardait d'un œil sec. « Voilà, s'écrie
« ma mère, la première grâce que je
« vous demande. La refuserez-vous à
« vingt ans de tendresse et de vertu ? »

O mon amie ! quel cœur que celui d'un père ! La fierté, le ressentiment, l'énergie même disparaissent. Un œil humide, des bras qui s'avancent, qui vont nous enlacer, annoncent la fin de cet épouvantable orage. M. de Méran relève ma mère. « Tu as vaincu, lui dit-il. Non,

« je ne peux rien te refuser. » Il me relève; il relève Jules. « Calme-toi, infor-
« tuné jeune homme. Je ne saurais te
« haïr, ni te méconnaître. Je te la rends.»
Il nous presse l'un et l'autre sur son cœur. Ses larmes, qu'il s'efforçait de comprimer, s'ouvrent enfin un passage. Il se laisse aller sur mon ottomane. Nous y tombons avec lui, et nos bénédictions s'échappent à travers nos sanglots. Qu'elles étaient douces ces larmes que nous versions ensemble ! Elles étaient le sceau de l'entier oubli du passé, de la plus parfaite réconciliation.

« Jules, Adèle, j'entends, j'ordonne
« que ce qu'a prescrit madame de Mé-
« ran soit exécuté de point en point.
« Laissons-la avec sa fille; suivez-moi,
« Jules. Je vais parler à M. Rigaud. »

Ils sont sortis. Mon père est rentré le soir; Jules n'était pas avec lui. Ainsi l'expiation de ma faiblesse commence dès ce moment. Je l'expierai pendant deux ans et demi encore! Ah! Claire, la peine est-elle dans la proportion de ma faute?

CHAPITRE VIII.

Quel coup !

J'AI reçu toutes tes lettres. Tu approuves la sage prévoyance de mes parens. Et moi aussi, je l'approuve, et je ne souffre pas moins.

J'ai passé deux mois sans t'écrire. Que t'aurais-je dit ? Vœux inutiles, privations trop fortement senties, voilà de quoi se composent la vie de Jules et la mienne.

Notre commerce a pris une extension telle que nous n'aurions osé l'espérer. Les demandes viennent de toutes parts, et les fonds qui rentrent sont employés en acquisitions de métiers et de matières premières. Tout-à-l'heure, maman disait, d'un ton timide, que des circonstances favorables peuvent rapprocher un terme qu'auraient éloigné des événemens malheureux, sans que personne ait eu à se plaindre. Mon père n'a pas répondu. Mais sa figure s'est resserrée, et un coup d'œil expressif a empêché ma bonne mère d'ajouter un mot. J'ai soupiré, et comme elle j'ai gardé le silence. M. de Méran se promenait par la chambre d'un air préoccupé. Je suivais tous ses mouvemens ; je cherchais à surprendre sa pensée. Il s'est arrêté devant ma mère, et d'un ton de bienveillance, bien propre à lui faire oublier ce que ce coup d'œil avait de dur, il lui a dit : « Ma « bonne amie, on ne marie pas des en- « fans. »

Des enfans, Claire ! J'ai bientôt dix-sept ans. Bientôt Jules en aura vingt-et-un.

Que de choses j'avais à répondre ! Je cherchais des tours, des expressions qui rendissent ma pensée, sans blesser M. de Méran, lorsque M. Rigaud est entré. Sa figure était décomposée, sa voix tremblante, sa démarche mal assurée. Il a tiré M. de Méran à l'écart. « Qu'y a-t-il, « bon Dieu ? s'est écrié ma mère. — « Rien, ma bonne maman, rien, ai-je « répondu. Peut-être une indisposition, « peut-être.... — Non, non, Adèle, ce « n'est pas cela. M. Rigaud paraît pro- « fondément affecté. »

Jeannette vient appeler maman de la part de mon père. Oh! oui, oui, il y a quelque chose d'extraordinaire, d'alarmant.

Je sonne ; je fais venir Firmin. « Allez, « courez chez M. Rigaud. Demandez « M. de Courcelles. Voyez-le, dites- « lui.... Dites-lui.... que vous venez sa- « voir comment il se porte. Allez, ne « perdez pas un moment. »

Je vais, je viens, je sors, je rentre, je m'assieds, je me lève ; je ne suis plus à moi. Serait-il arrivé quelque malheur à Jules? Prétendrait-on me le cacher?... Firmin ne revient pas. Quelle lenteur!... Le voilà, le voilà.

Un billet de Jules! il n'est pas cacheté. Le lirai-je? Je ne le dois pas. Mais point de cachet.... Qui saura.... Hé! ne le saurai-je pas, moi? En discutant avec moi-même, j'ai ouvert le papier. Je cherche le mot *amour*. Il n'y est pas; je peux lire... Dieu, grand Dieu! une lettre foudroyante du ministre, adressée à M. Rigaud. De quoi s'agit-il donc? Les expressions de cette lettre doivent être communes à mon père et à son associé, à mon père, qui me consolait à la fin de la scène de douleur que je t'ai décrite, et qui a besoin de consolations à son tour. Je cours, je vole lui offrir celles qu'il est en mon pouvoir de lui donner. J'entre dans son cabinet; je me jette dans ses bras.

M. Rigaud est debout; son visage est

couvert de ses mains. Ma mère, assise dans un coin, paraît accablée. Pauvre enfant, pauvre enfant, dit et répète mon père, en me serrant douloureusement dans ses bras. « Pour Dieu, « m'écriai-je, tirez moi de l'anxiété in- « supportable où je suis. Que dit cette « lettre? Où est-elle ? » Je la vois sur un bureau ; je veux m'en saisir ; M. de Méran me retient ; ma mère prend la lettre et l'enferme sous la clef.

Ah ! sans doute, un grand malheur accable ma famille. Que peut-il être ? Je sollicite, je prie, je presse, je conjure. « Vous le saurez trop tôt, ma fille, me « dit M. de Méran. — Ah ! mon père, « craindre un malheur, quel qu'il puisse « être, c'est plus qu'en être frappé. Ne « voyez-vous pas le mal affreux que me « fait le ménagement dont vous usez « envers moi ? Parlez, je vous en sup- « plie. Sommes-nous menacés dans no- « tre fortune, notre liberté, notre

« honneur ? Je supporterai tout avec
« vous et pour vous; je vous donnerai
« l'exemple du courage; celui de Jules
« soutiendra le mien, et notre amour,
« nos soins, nos égards vous dédomma-
« geront de ce que vous aurez perdu. —
« Jules, ma fille, Jules! — Je connais son
« cœur, mon père, et je vous réponds
« de lui. Mais donnez-moi cette lettre ;
« au nom de Dieu, donnez-moi-la. —
« Donnez-la-lui, madame. Que gagne-
« rons-nous à différer ? Je crois qu'elle a
« raison : le mal qu'on redoute est plus
« cruel que celui qu'on éprouve. »

Je la tiens cette lettre ; je la dévore
des yeux... Juste ciel ! mon père, M.
Rigaud, accusés d'avoir trompé le gouvernement, d'avoir fait sciemment des
livraisons défectueuses; des injonctions
ruineuses pour le moment; des menaces
pour l'avenir; un style dur et mépri-
sant; tout ce qui peut irriter, accabler
mon père, se trouve rassemblé dans

cette lettre cruelle. « Il faut répondre,
« lui dis-je. Il faut dire qu'un homme
« de votre sang peut se tromper lui-
« même, et ne trompe sciemment per-
« sonne. Il faut offrir votre fortune en
« dédommagement du tort qu'a souffert
« le gouvernement ; il faut appeler des
« menaces à la justice du ministre lui-
« même ; il faut lui faire sentir que l'ex-
« pression du mépris est déplacée même
« à l'égard du coupable convaincu. — Tu
« es mon sang, tu es ma digne fille. Ce
« que tu me conseilles est fait. — Voyons
« maintenant, mon père, quels sont les
« défauts des draps qui ont été livrés,
« et sur lesquels on n'entre dans aucun
« détail. Allons chez M. Rigaud ; faisons
« travailler un métier à découvert. Le
« secret sera perdu sans doute ; mais
« l'honneur peut être conservé. » M.
Rigaud, mon père, maman, m'entourent, me caressent, me louent. De quoi
me louent-ils ? Je ne suis qu'une fille

sensible, qui veut offrir à Jules une main pure.

Je sors, et on me suit. Je marche d'un pas ferme. Je souris à ma pauvre mère; je l'engage à espérer. Je lui dis que le mal ne peut être aussi grand que le croit le ministre; que sa lettre a été écrite dans un mouvement d'indignation; que le temps dissipera des préjugés défavorables, et qu'ils feront place à l'équité. Je le croyais, Claire; mais je le croyais seule. La consternation était peinte sur tous les visages; tous les cœurs étaient brisés. Et moi, dépourvue d'expérience, qui ai à peine quelque usage du monde, je prenais pour des réalités les rêves de mon imagination. Ah! j'ai cru long-temps cette terre peuplée d'hommes tels que Jules et mon père.

Nous approchons des ateliers. Jules vient au-devant de nous. Il est pâle, défait, méconnaissable. « Tout est perdu, « dit-il, et le ministre a raison. Personne

« ici n'est coupable ; mais qui peut pé-
« nétrer dans l'intérieur des consciences?
— Expliquez-vous, mon ami, lui criai-
« je. Les faits d'abord ; nous revien-
« drons ensuite aux principes. »

Ce que j'ai imaginé, Claire, il vient de l'exécuter. Il a fait sortir les ouvriers. D'un bras vigoureux il a soulevé les couvercles d'un métier. Il a reconnu que les fils qui se rompent ne peuvent plus se rattacher, et que le duvet du drap couvre ces défectuosités. Il a été dans ses magasins ; il a ouvert un ballot ; il a tiré le drap avec force, et il s'est déchiré sous sa main. Il juge que le mordant nécessaire pour faire prendre la teinture en aussi peu de temps doit être corrosif.

« Jules, mon ami, passez à votre bu-
« reau, écrivez un mémoire en faveur
« de notre bon père. Dites qu'il est étran-
« ger aux arts mécaniques; que M. Ri-
« gaud lui-même a pu être abusé par les

« rapports avantageux que des sociétés
« savantes ont faits sur sa découverte;
« dites qu'il est facile à un inventeur de
« se flatter d'un plein succès, et qu'un
« homme qui a vécu cinquante ans sans
« reproche ne doit pas être jugé légère-
« ment. Ecrivez, mon ami. Que ce mé-
« moire soit imprimé; qu'il soit distri-
« bué à Paris avec profusion. Sauvons
« l'honneur, et s'il faut perdre la for-
« tune, c'est vous qui me dédommage-
« rez; c'est votre cœur qui me tiendra
« lieu de tout. Si le mien suffit à votre
« félicité, qu'aurons-nous à regretter?
« — Adélaïde et une chaumière, et je
« serai le plus riche des mortels. Mais
« mon protecteur, mon ami, mon père,
« dépouillé de tous les prestiges de la
« jeunesse, qui nous soutiennent main-
« tenant, habitué à l'opulence, obligé
« de descendre de son rang, privé peut-
« être de la juste considération dont il a
« joui jusqu'à présent, aura-t-il le cou-

« rage de supporter son sort ? — Jeune
« homme, pourquoi serais-je moins fort
« que vous ? Pourquoi me jugez-vous
« ainsi ? Dans quelle circonstance m'a-
« vez-vous vu faiblir ? Faites ce que
« vous prescrit ma fille. »

On s'aperçoit enfin que madame Rigaud n'est pas avec nous. M. de Méran veut la voir. Elle s'accuse du renversement de notre fortune, dit son mari; elle craint de se présenter. « Qu'elle
« vienne, s'écrie mon père. Vous êtes
« d'honnêtes gens ; je ne vous reproche
« rien. Mon amour pour ces enfans et
« la fatalité ont tout fait. »

Bonne madame Rigaud ! Elle paraît, timide, éplorée. Je vais à elle, je l'embrasse, je la conduis à ma mère, qui l'accueille, qui la caresse, qui la rassure. Pauvre mère, qui elle-même a tant besoin de consolations ! « Madame, dit
« mon père à madame Rigaud, l'infor-
« tune est moins sensible quand elle est

« partagée. Mais le premier devoir du
« malheureux est la résignation. Epar-
« gnez toutes deux à vos époux le spec-
« tacle d'une affliction à laquelle ils ne
« peuvent apporter de remède. » Epar-
gnez, toutes deux, à vos époux! a-t-il
dit.... Voilà la première fois qu'il parle
collectivement de son associé et de lui,
de madame Rigaud et de la comtesse de
Méran. Ah! le malheur a du moins cela
de bon, qu'il rapproche les hommes et
leur donne des appuis qui les aident à
supporter leur sort.

Jules écrit au milieu des plaintes, dis-
trait par une conversation plus ou moins
animée, à laquelle il est forcé lui-même
de prendre part. Je suis derrière lui; je
lis à mesure qu'il écrit. Il me semble que
ce n'est pas cela, que ce n'est pas un
mémoire qu'il rédige. Je ne trouve pas
de suite, de liaison dans ses idées. Ce
qu'il fait sera du moins très-utile pour

diriger une plume plus exercée et une tête calme.

Firmin nous apporte nos lettres. M. Rigaud en ouvre une qui le fait frémir. Qu'y a-t-il encore à redouter, et où s'arrêtera l'infortune ? Cette lettre est de notre homme d'affaires à Paris. Nos marchands refusent de payer. Cent mille écus de billets, mis dans la circulation, retombent sur nous. Les effets ont été protestés ; les marchandises déposées ; des procédures commencées. Notre ruine est entière. Celle de M. Rigaud paraît inévitable.

Des événemens désastreux et inattendus nous frappent avec une force qui suspend l'usage de nos facultés intellectuelles. Nous éprouvons bientôt le besoin de retrouver des idées, de les classer, pour opposer à l'orage une résistance proportionnée au danger. M. de Méran s'est montré le premier calme et grand. Il a entraîné tous les autres.

Après une sérieuse, mais courte discussion, il a été arrêté que mon père et M. Rigaud partiront demain pour Paris ; que M. Rigaud suivra les affaires contentieuses ; que mon père verra le ministre et fera imprimer des mémoires.

En examinant plus en détail ce qu'il conviendra de faire, on a senti que M. Rigaud ne pourrait suffire à tout, et on a décidé que Jules partira avec ces messieurs. Son absence peut être longue ; hé bien, Claire, je ne me suis pas permis la moindre réflexion. J'ai pensé que la présence de Jules serait agréable à M. de Méran, le distrairait de ses chagrins ; et quand il a daigné me demander mon consentement, je l'ai donné avec une facilité, une grâce, dont il a paru me savoir bien bon gré. Je me dois cette justice, Claire : d'aujourd'hui je n'ai donné une pensée à l'amour. J'ai été toute entière à mes respectables et infortunés parens.

Mais le soir, quand je suis rentrée dans ma chambre, quand le silence et le calme de la nuit m'ont rendue à moi-même et m'ont permis de me porter dans l'avenir, j'ai frémi, j'ai répandu des larmes. Quand reviendra-t-il, me suis-je demandé, et dans quel état sera son cœur? Je suis jolie, dit-on; mais on dit aussi qu'il est à Paris mille objets séduisans, qui font de l'art de plaire leur unique occupation, qui attirent, attachent, enchaînent. Non, reprenais-je aussitôt, seule je peux fixer Jules, parce qu'aucune femme ne peut l'aimer comme moi... Mais l'occasion, la facilité... Mais ses sermens, mais l'honneur.... Et puis, ce ne sont pas des plaisirs qu'il lui faut, c'est un cœur, et le mien le suivra partout.

Il écrira tous les jours, et il adressera ses lettres à maman. Tous les jours je lui écrirai aussi sous le couvert de mon père. M. et madame de Méran liront avant nous : telle est leur volonté. Mais qu'importe? il n'y aura de changé que les adresses, et les adresses ne sont rien, l'amour est tout, et c'est lui qui conduira notre main.

Le jour me surprend dans ces alternatives d'espérances et de craintes. Je me lève précipitamment, je descends, je cours, je cherche, et je ne trouve personne. J'interroge Firmin.... Ils sont partis, Claire, partis au milieu de la nuit! Il a pu s'éloigner sans me voir encore, sans m'adresser un dernier adieu, sans recevoir le mien! Quel coup! Je ne peux le supporter. Oh! la perte de notre fortune n'était rien. Mais être blessée dans ses plus chères affections, se voir en quelque sorte abandonnée, dédaignée, voilà ce qu'une femme ne supporte pas, ce que moi, je le répète, je ne peux supporter. Je me répands en plaintes inutiles; je pleure de dépit et d'amour. J'accuse Jules, je le condamne, je ne veux plus l'aimer, non, je ne l'aimerai plus.

J'entre dans ce bosquet, témoin des plus doux épanchemens. Je marche vers ce marronier, d'où nos mains unies se sont cent fois élevées vers le ciel ; d'où notre bouche lui a cent fois adressé les vœux les plus tendres et le serment d'une éternelle constance. C'est là que je veux lui reprocher de m'avoir délaissée ; c'est de là que j'appellerai sur lui la punition due au parjure.... Ah ! je ne trouve au fond de mon cœur que son image adorée.

Que vois-je ? ma mère debout auprès de cet arbre. Elle l'embrasse d'une main ; elle élève l'autre ; elle semble prier pour sa malheureuse fille. Je vais à elle. « Il « est parti, il est parti, m'écrié-je, et « il ne m'a pas vue ! Le barbare ! que lui « ai-je fait ? Ne savait-il pas qu'il déchi- « rerait mon cœur, que je ne peux vivre « sans le sien ? — Ne l'accuse pas, Adèle, « et écoute-moi. Nous avons voulu vous

« épargner à tous deux une scène dé-
« chirante.... — Ah! vous m'avez acca-
« blée. — M. de Méran est sorti aussitôt
« que tu es entrée dans ta chambre. Il
« est retourné chez M. Rigaud ; il a
« envoyé chercher des chevaux, et il
« a notifié à Jules qu'il fallait partir sans
« te voir. Le malheureux jeune homme
« s'est échappé ; il est accouru : j'étais là
« pour l'arrêter. Il m'a suppliée, il est
« tombé à mes genoux, et j'ai été in-
« flexible.... Que vas-tu dire ? Ne blâme
« pas ta mère. Rappelle-toi l'état fâcheux
« où tu es tombée quand il est allé à Ar-
« gentan, quand il t'a quittée pour deux
« jours seulement. Qu'eût-ce été aujour-
« d'hui, où vous vous séparez pour des
« semaines, pour des mois peut-être ?
« Il t'écrira tous les jours, tu lui répon-
« dras ; et s'écrire, n'est-ce pas se par-
« ler, s'entendre ? »

Ah! Claire, de quel poids douloureux
je me suis sentie soulagée ! Avec quelle

ardeur délirante j'ai imploré le pardon de l'homme que j'avais si mal jugé ! *Il s'est échappé*, mon amie ; *il est tombé aux genoux de ma mère ;* que pouvait-il faire de plus ? *Elle a été inflexible !* Elle n'a donc jamais aimé ?

Je rentre ; je me mets à mon secrétaire, j'écris et je m'abandonne à toute ma tendresse : il n'est pas là pour me répondre, et seule avec mon amour, je n'ai plus de baisers à redouter. Quelle lettre il va recevoir ! Où donc ai-je appris à écrire ? Ah ! ne peut-on pas tout quand on aime comme moi ! J'écris, j'écris, une feuille succède à une autre, je ne peux m'arrêter. Maman et madame Rigaud viennent m'arracher à cette délicieuse occupation. Il faut déjeuner, disent-elles. Déjeunons ; je continuerai après.

Il va à Paris. Tu le verras, heureuse Claire. Ah ! dis-lui que son Adèle l'adore, que jamais elle ne peut aimer que lui, qu'il aura les derniers vœux de son cœur et son dernier soupir.

Une lettre de lui! on n'a pas eu le temps de mettre les voitures en état avant leur départ. Ils ont été obligés de s'arrêter à dix lieues d'ici, et il me consacre deux heures dont il peut disposer. Le paquet est énorme, et l'amour étincelle à chaque mot. Je te remercie, mon ange, et de m'aimer ainsi, et de si bien peindre ce que tu sens. Oui, ton cœur et le mien étaient faits l'un pour l'autre; ils vibrent à l'unisson; ils s'entendraient d'un bout du monde à l'autre; ils n'ont qu'une vie, qui est commune à tous deux.

Je ne déchirerai pas cette lettre; je peux la garder, maman le permet. Ah! ne nous devait-on pas quelque dédommagement du sacrifice forcé que nous venons de faire? Lettre charmante, je te porterai sur mon sein, je t'en tirerai cent fois le jour, pour te relire et te couvrir de baisers : ceux-là ne sont pas dangereux.

Je fais un retour sur moi-même. Je regarde, et je m'aperçois que je suis seule. Cette lettre et mon marronier, voilà tout ce qui me reste de lui. Ah, Claire !

CHAPITRE IX.

Jusqu'où ira l'infortune ?

———

Il m'a écrit d'Evreux, et c'est encore l'amour qui a conduit sa plume. Quel foyer que ce cœur-là ! Je l'alimenterai, Claire. Perdre quelque chose de sa tendresse, serait plus que perdre la vie.

Une lettre de Paris ! Maman la lit la première, ainsi que cela est convenu. Elle me la remet ensuite.... Oh, mon amie, quel changement ! Il est affreux, je ne le soutiendrai pas. Où est cette âme brûlante, expansive, qui s'exhalait en traits de feu ? où sont ces expressions délirantes, qui charmaient mon cœur, que ma bouche aimait à répéter, et qui m'aidaient à supporter les peines de l'absence? Je cherche en vain cet abandon, cette douce mollesse, ce désordre charmant, cet enthousiasme qui règnent dans ses premières lettres. Tout ici est froid et paraît étudié. Je ne trouve que de l'esprit. Oh! Claire, est-ce avec son esprit qu'on écrit à une femme qu'on trompe? Croit-on l'abuser facilement, quand on l'a habituée à entendre le langage du plus tendre amour? Peut-on se flatter qu'elle ne sente pas l'extrême différence qui existe entre ce que dicte la tête et ce qui s'échappe du cœur? Parce qu'on est changé, suppose-t-on qu'elle a cessé d'aimer elle-même, et que des traits brillans pourront la satisfaire? Réponds à ces questions, Claire, réponds-y de suite.

Tu as de l'esprit en m'écrivant, ingrat! Ah! c'est ton amour qu'il me faut; rends-le-moi, il m'est dû; je le veux.

Ainsi donc mes alarmes sont déjà

justifiées! l'air empoisonné de Paris a déja produit ses funestes effets! Ce cœur, source inépuisable des sentimens les plus vifs, asile de l'honneur, de la délicatesse, de toutes les vertus, a donc changé en un instant! Il s'est dépouillé de tout ce qui m'avait séduite, et je ne peux vaincre le mien! Je sors pour cacher ma douleur; je m'enferme dans ma chambre; je ne veux pas de témoins de mon désespoir. Je reprends cette fatale lettre, j'en pèse tous les mots; je leur cherche de l'expression, de la vie; je voudrais absoudre M. de Courcelles. Je ne le peux pas, mon amie, et c'est là le comble du malheur.

Bonheur inattendu! est-ce un songe, une illusion? Ah! si c'en est une, qu'elle ne m'abandonne jamais! je suis prosternée la face contre terre; je m'humilie devant Jules : je ne suis pas digne de lui, puisque j'ai pu le croire coupable.

Il ne l'est pas, Claire, il ne l'est pas. Ecoute, écoute.

Maman a la vue faible et elle a encore la petite vanité de ne pas vouloir se servir de lunettes. Elle n'a pas vu une bande de papier très-fin, adroitement collée le long d'une des marges. Je ne l'ai aperçue moi-même qu'après avoir tourné vingt fois cette lettre dans mes mains : ces caractères désespérans fixaient seuls mon attention. J'ai détaché cette bande et voilà ce que le bien-aimé a écrit dessous.

« Quoi que j'écrive, ou qu'on vous
« dise de moi, ne croyez que votre
« cœur. Le mien est à vous sans par-
« tage et sans retour. M. de Méran pré-
« tend que mes lettres ne sont propres
« qu'à vous causer des émotions inutiles
« et peut-être dangereuses. Il m'a dicté
« celle-ci ; il dictera les autres. J'ai lieu
« de croire que des ordres sévères ont

« été donnés à vos gens, et que rien ne
« vous parviendra directement. N'im-
« porte, confiance et fidélité. »

On craint que son style enchanteur
ne me cause des émotions trop violen-
tes. Ah! ne doit-on pas craindre, au
contraire, les effets de cette froideur
simulée? Ne sait-on pas comment j'aime,
combien j'ai besoin d'être aimée? Je
réponds, Claire, non à la lettre de M.
de Méran, mais à celle que m'eût écrite
Jules, si on ne l'eut réduit au rôle hu-
miliant de copiste.

Maman veut lire avant que je ferme
mon paquet. Pourquoi donc? Je croyais
qu'il suffisait que mon père parcourût
mes lettres avant de les remettre au
bien-aimé. N'importe, maman l'exige;
elle sera satisfaite.

Je ne reviens pas de mon étonnement.
Croiras-tu ce que maman vient de me
dire? Elle trouve trop d'abandon dans
mon style, trop d'amour dans mes ex-

pressions. Hé! que ferais-je de mon cœur, si je ne l'ouvrais tout entier à Jules? Maman croit que la décence ne me permet pas d'écrire ainsi à un homme, qui n'est pas mon mari. Hé! ne doit-il pas l'être? N'est-il pas celui que m'ont choisi mes parens? Je devrais, me dit ma mère, régler mes expressions sur celles de Jules, me sentir humiliée d'avoir reçu de lui l'exemple d'une réserve louable. Mon amour-propre seul devrait me porter à ce qu'exige de moi la raison, et pendant que maman me fait ces observations, je vois des larmes rouler dans ses yeux.

Ah! mon amie; quel trait de lumière! on veut persuader à chacun de nous, qu'il est moins cher à l'objet qu'il idolâtre. On veut affaiblir peu-à-peu un sentiment qui est l'âme de notre vie; on croit dissoudre sans efforts les nœuds les plus forts et les plus doux, et maman souffre en suivant un plan que lui a tracé mon père avant son départ. Hé! n'est-ce pas assez d'avoir perdu ma fortune; veut-on m'ôter encore ce qui me la ferait oublier ? M. de Méran ne sait-il pas que je serai toujours riche avec Jules, et qu'il peut être heureux encore du bonheur de ses enfans?

Tu vois mon père, tu le vois tous les jours. Tâche de le pénétrer, Claire, et écris-moi aussitôt que tu croiras avoir découvert quelque chose. Ne me ménage point, je veux connaître toute l'étendue du malheur qui me menace. Il me restera des larmes pour attendrir, pour fléchir mes parens; ils ne me résisteront pas.

Je vais écrire à Jules une lettre compassée; cela me sera facile : je n'aurai qu'à penser que j'écris à M. Hubert, à M. Hubert qui nous délaisse depuis que la fortune nous trahit, et qui ne sent pas que mademoiselle de Méran, n'ayant plus que son nom, est encore fort au-dessus de lui. Dis bien à Jules, Claire, *que quoi que j'écrive, ou qu'on lui dise de moi, c'est son cœur qu'il doit croire, et que le mien est à lui sans partage et sans retour.*

J'ose te donner une mission secrète, employer la ruse, la dissimulation. Ah! mes parens m'en ont donné l'exemple, et cependant ma conscience me fait des reproches. Elle me dit qu'à l'âge de M. de Méran, on place le bonheur dans l'opulence, et qu'il désire ardemment le mien ; que plus tard, peut-être, je penserai comme lui, et que je sentirai les droits qu'il aura acquis à ma reconnaissance. Le devoir me crie qu'il ne m'appartient pas de juger mon père, et que je dois lui être soumise, quoi qu'il ordonne. Mais laisserai-je Jules sans soutien, sans consolations? N'a-t-il pas ses droits aussi ? Ne les tient-il pas de M. de Méran lui-même? Ah! mon cœur parle plus haut que ma conscience, que le devoir. Dis, dis à Jules que je serai à lui, ou que je ne serai à personne ; j'en fais le serment ; je te charge de le lui transmettre.

Mais que dis-je ? Penserait-on réellement à nous séparer ? Je ne peux le croire. Ne connoît-on pas mon excessive sensibilité ? Ne craint-on pas de me donner la mort ? L'amour extrême s'alarme, ou espère aisément ; jamais il ne juge rien de sang-froid. Peut-être les motifs de la conduite de M. de Méran sont-ils étrangers à ceux que je lui suppose. Peut-être ne convient-il rigoureusement pas que deux jeunes gens, qui ne s'appartiennent pas encore, développent leurs sentimens avec cette franchise, cette chaleur auxquelles nous nous laissons entraîner. Cependant, nous sommes presque nés ensemble ; nous avons crû sous les yeux de mes parens ; ils ont applaudi à l'amitié de notre enfance ; ils ont encouragé notre amour naissant. Ne sommes-nous pas une exception à la règle générale ? Quoi qu'il en puisse être, observe, interroge, Claire, surprends jusqu'à la pensée. Rassure ton amie tremblante. Dis-lui qu'elle a encore le meilleur des pères, le père le plus digne de son amour.

Une lettre de toi! Ah! quoi qu'elle renferme, j'en avais le plus pressant besoin. Tu as vu Jules, tu le vois tous les jours. Ses traits te paraissent plus développés. Ils ont pris de la noblesse, sans rien perdre de ce charme qui doit lui attirer tous les cœurs. Sa taille est parfaite, et son maintien plein de grâces. Oh! comme tu le juges bien, Claire! Son esprit, dis-tu, est délicat, orné, et quand il parle, le mot propre semble venir se placer de lui-même. Oh! oui, oui, le voilà peint trait pour trait.

Il passe avec toi une partie de ses journées, et sans cesse il parle de moi. Il s'exprime avec une chaleur qui fixe l'attention de ton mari, et qui lui inspire le plus vif intérêt. Ainsi il n'adore, il n'adorera que moi, et il se fera des amis de tous ceux qui l'entendront. Félicite ton Adèle, Claire. Elle s'est attachée à un petit être accompli.

Il éprouve les craintes qui m'agitent. Il croit entrevoir du changement, non dans l'affection, mais dans les projets de M. de Méran. Il est possible, ajoutes-tu, que mon père, dépouillé de sa fortune, ne veuille pas que Jules partage mon malheur. Sa fierté ne peut lui permettre de solliciter M. d'Estouville, qui paraît aimer beaucoup son neveu, mais qui entend maintenir l'éclat de son nom par tous les dehors de l'opulence, et qui annonce les plus grandes vues à cet égard.

Qu'ai-je lu, bon Dieu ! Tu m'en dis trop, Claire, et tu as la cruauté de ne pas t'expliquer positivement. Tu laisses à mon cœur accablé à développer ces phrases insignifiantes. Ah ! tu sais trop que je ne m'y tromperai pas, et que je trouverai ce que tu as craint de me dire. Mon père a rendu Jules à son oncle, n'est-il pas vrai, et déjà M. d'Estouville s'occupe de son établissement. Je vais être seule, abandonnée, livrée à un amour sans espoir, et qui ne peut s'éteindre qu'avec ma vie... Non, l'esprit de calcul et des convenances sera toujours étranger à Jules. Il aime autant que moi, et jamais il ne donnera sa main sans son cœur. Il quittera tout, fortune, grandeurs, pour venir se réunir à son Adèle, soulager son père par son travail, le consoler dans ses revers, et répandre quelques lueurs de félicité sur les derniers jours de mon excellente et malheureuse mère. M. de Méran a fait ce que lui prescrivait l'honneur; mais il a un cœur aussi. Il ne voudra point déchirer celui de sa misérable fille; il ne voudra pas réduire au désespoir l'infortuné jeune homme qu'il a adopté; il ne chassera pas de sa maison l'appui que vont y ramener la reconnaissance et l'amour.

Ah! Claire, que de consolations m'offre la suite de ta lettre! Ce qui m'eût paru insuffisant, affligeant, il y a quelques semaines, est aujourd'hui un baume consolateur versé sur ma blessure. Jules, dis-tu, est incapable de m'abandonner. Il résistera constamment à son oncle. Le temps fera le reste. Ton mari nous offre sa médiation. Si nous le désirons, il fera à M. d'Estouville les représentations les plus fortes. Il lui dira qu'il doit tout faire pour celui qui lui a conservé, élevé son neveu, et qui lui destinait sa fille lorsqu'il avait une fortune brillante à lui donner. Il cherchera à attendrir, à ranimer du moins la délicatesse, qui semble s'éteindre en ce moment... Si nous le désirons, dis-tu! Ah! presse, supplie M. de Villers de persévérer dans ce généreux projet. Dis lui que je suis à ses genoux, qu'il est mon unique ressource, que je mets en lui mon espoir, et que le bonheur de toute ma vie sera sa récompense.

Tu m'indiques une liqueur qu'on peut faire partout, et tu me dis d'en frotter légèrement les pages blanches qui restent à la fin de ton paquet. Il peut arriver, dis-tu, lorsque ton mari se sera prononcé, que M. de Méran prescrive à ma mère des mesures dont elle n'osera pas s'écarter, et que tes lettres soient lues avant de me parvenir. Tu m'apprens de quoi je dois me servir pour t'écrire dans les interlignes, si je suis réduite à ne te parler que de choses indifférentes. La composition de cette encre, qui ne laisse aucune trace sur le papier, t'a été donnée par M. de Villers, qui prévoit que le moment de s'en servir n'est peut-être pas éloigné. Ah! non, non, Claire, on ne me privera pas des doux épanchemens de l'amitié. On te permettra de partager la douleur poignante qui me torture déjà.

D'après ce que je viens de lire, il est évident pour moi que la liqueur que je vais préparer fera sortir des caractères tracés sans doute par l'amour. Encre mystérieuse, heureuse invention, je bénis ton auteur.

Je viens d'obtenir un plein succès, Claire. A la vérité, j'ai suivi ta recette avec la plus scrupuleuse exactitude. Combien je suis récompensée de mes soins! Que de choses charmantes j'ai lues! Ah! je te l'ai dit, je te le répète, cet homme-là est tout amour.

Il règne dans ces deux grandes pages une sécurité qui me fait croire que tes craintes sont exagérées. Jules n'écrirait pas ainsi, s'il soupçonnait seulement qu'on pût penser à nous séparer... Peut-être sûr de son cœur, déterminé à opposer à son oncle une résistance invincible, ne veut-il pas ajouter à mes alarmes. Eh! ne faut-il pas qu'enfin je connaisse mon sort? Demain, je composerai cette encre protectrice dont tu m'as donné le secret. Je t'écrirai des choses bien indifférentes, des enfantillages même. Je ne cacheterai pas ma lettre; j'aurai l'air de l'avoir oubliée. Maman la lira, je n'en doute point, et je parviendrai à détruire tout soupçon d'intelligence entre moi et mon amie. Je conjurerai Jules de me dire tout, tout absolument. Pourquoi serais-je moins forte que lui? Je ne connais rien de plus cruel que l'incertitude dans laquelle je me perds. Etrange empressement de vouloir connaître ce qu'on redoute plus que la mort!

Tromper sa mère! Ah! Claire, cette idée me poursuit, me tourmente. Mais ne puis-je au moins jurer à l'époux qu'on m'a choisi une fidélité éternelle? Ma bouche en a cent fois fait le serment; ma main ne fera que le répéter. Cette lettre sera toute pour le bien-aimé, puisque les interlignes seules signifieront quelque chose. Etre réduite à de pareils moyens pour se parler de l'amour le plus tendre, le plus légitime! Ah! Claire, nous sommes bien malheureux!

Je viens de passer deux jours affreux. Il faut que j'aie horriblement souffert pour n'avoir pu penser à t'écrire. Où donc s'arrêtera l'infortune.

Avant-hier matin, j'ai remarqué que maman avait les yeux rouges. Je l'ai priée, suppliée de me confier le sujet de sa peine. Elle a résisté long-temps; mais lorsqu'elle a été convaincue que la vérité ne me ferait pas plus de mal que mes alarmes toujours croissantes, et portées enfin à un degré effrayant, elle m'a donné une lettre de mon père qui est arrivée en même temps que la tienne. Quelle lettre, grand Dieu! Ma pauvre et excellente mère a passé une nuit entière dans les larmes, et c'est sur sa fille qu'elle pleurait.

Le gouvernement exige le remboursement d'un million. Nous sommes ruinés, ruinés sans ressource. La terre que nous habitons n'est plus à nous. Elle est mise en vente, ainsi que le bien de M. Rigaud. Il ne nous restera que ce qui appartient à ma mère, une petite habitation dans les hautes Pyrénées, près de Tarbes, et quelques terres affermées sept à huit mille francs : voilà ce que tu sais et ce qui pour moi est un malheur à peine senti. Mais ce qui suit, Claire, est insupportable. Mes forces ne suffisent pas pour soutenir un pareil coup. J'en mourrai.

M. d'Estouville est charmé de son neveu, de ses attentions, de ses prévenances, de son respect. Il veut, dès ce moment, lui donner un état brillant, et il lui destine une demoiselle qui joint à une grande fortune tous les moyens de plaire, et toutes les qualités qui peuvent faire le bonheur d'un époux. Je suis le seul obstacle aux projets de M. d'Estouville, et il faut que je me sacrifie; mon père le veut, il l'ordonne. Il faut que j'écrive à Jules que je renonce à lui, que je lui rends sa liberté. Jamais ma main ne tracera cet épouvantable arrêt.

Mon père est indigné de l'inutile démarche que ton mari a faite auprès de M. d'Estouville, sans son aveu. Il prétend qu'on doit croire que M. de Villers a agi de concert avec lui, et que l'infortune l'a dégradé au point de lui faire offrir sa fille à quelqu'un qui la rejette. Il proteste qu'il ne vous reverra jamais. Il soupçonne que l'intérêt que je vous inspire à tous deux vous portera à me donner des conseils. Il défend expressément que tes lettres me parviennent, et que maman laisse partir celles que je t'écrirai. Ainsi, Claire, cette encre mystérieuse nous devient inutile. Jules n'entendra plus parler de moi. Il ne saura pas que je porte son image dans mon cœur, et qu'elle y sera constamment gravée en traits de feu ; qu'elle me sera présente le jour, qu'elle me suivra dans les bras du sommeil. Déjà je ne sais plus comment je te ferai parvenir ce que je t'écris.

M. d'Estouville a fait proposer, dis-tu, à mon père cent mille francs en dédommagement des dépenses que Jules lui a occasionnées. M. de Méran a répondu avec fierté, qu'il ne vend ni ses soins, ni son affection. Il ne veut plus voir l'oncle ni le neveu. Ah ! mon amie, que de coups à la fois ! J'en mourrai, j'en mourrai.

Madame Rigaud est là. Maman et elle pleurent ensemble. Elles ne pleurent que leur fortune ; moi, je pleure mon amant. Il est des instans où je ne trouve pas une larme, et alors je me sens prête à suffoquer. Maman me délace; elle me donne des sels. Ah! qu'elle me laisse mourir.

Mon père est ruiné; il l'est pour avoir désiré augmenter la fortune de sa fille. C'est moi, c'est mon fatal amour qui ont attiré le malheur sur sa tête respectable. C'est à moi à le dédommager. C'est dans ma tendresse, dans ma soumission qu'il doit trouver un soulagement à ses peines. Eh bien, Claire, je m'immolerai à mon père; je lui donnerai plus que ma vie.

Je prends la plume. Je vais les tracer ces mots terribles qui porteront la mort dans le sein de Jules.... Mon cœur se brise, mes yeux se troublent, ma main refuse d'obéir. Je me jette dans les bras de ma mère. « Jamais, lui dis-je, jamais « je n'oublierai Jules; jamais je ne lui « ordonnerai de renoncer à moi. » Elle me reconduit au secrétaire ; elle remet la plume dans ma main. Elle me presse, elle me prie. Ma mère descend avec moi jusqu'à la prière ! Ah ! j'obéirai, je le dois, je le veux.... Ma main reste immobile, mon sang se glace, je tombe privée du sentiment.

Je reviens à la vie, je renais sur le sein de ma mère. Elle attendait ce moment pour me faire lire ce qu'elle vient d'écrire à mon père. Elle lui rend compte de ce qui vient de se passer ; elle lui peint mon déplorable état avec l'éloquence de la nature. Elle le supplie, par l'amour qu'il lui a porté, de ne pas sacrifier sa fille à sa fierté, de se rapprocher de Jules, de l'encourager dans sa résistance aux projets de son oncle, de lui faire tout espérer du temps. Quel bien me fait cette lettre ! Elle achève de me rendre à moi-même ; elle fait renaître l'espérance dans mon cœur anéanti....

Non, non, l'orgueil de M. de Méran est sensiblement blessé. Il ne reviendra pas sur ce qu'il a prononcé.

Et je pouvais trouver éloigné le terme fixé pour notre mariage! Je me plaignais, Claire! Que de bénédictions j'adresserais maintenant au ciel, si j'avais la certitude d'obtenir la main de Jules, n'importe à quelle époque de ma vie! Baiser suave et pénétrant, que je me suis tant reproché, combien j'étais loin de te croire le dernier! Délices inexprimables, c'en est donc fait, je ne vous goûterai plus.

J'ai de la fièvre. Maman veut passer la nuit près de moi. Je ne le souffrirai pas; elle a besoin de repos autant que sa malheureuse fille. Jeannette se propose; elle me suffira. Maman consent à se retirer sous la condition expresse que Jeannette l'éveillera, si mon mal paraît augmenter. L'éveiller! elle ne dormira pas plus que moi.

Quel soulagement j'éprouve en ce moment, Claire! Je pourrai t'écrire librement et recevoir tes lettres avec facilité. Dans les longues angoisses qui viennent de se succéder, on ne cherche pas ses expressions; on ne voit pas ceux devant qui on parle. En allant et venant, Jeannette a tout entendu. Elle m'a élevée, elle m'aime; elle est très-attachée à Jules. Il lui a souvent rendu des services, et je n'ai pas laissé échapper une occasion de lui faire du bien. Nous en recevons la récompense. Elle me demande si je veux qu'elle fasse mettre mes lettres à la poste par un pauvre paysan, qui lui est dévoué, parce qu'elle a quelquefois obtenu des secours pour lui de ma mère. Les tiennes, celles de Jules, peuvent être directement adressées à cette excellente fille. Vous aurez seulement la précaution de faire mettre les adresses par une main inconnue. J'ai pris Jeannette dans mes bras; je l'y ai pressée avec transport.

Un étranger se présente. Il est porteur d'une lettre de mon père. Maman est invitée à lui faire voir cette propriété jusque dans les moindres détails. Elle n'a pas la force de parcourir avec lui cette terre, dont il vient nous bannir. Elle lui donne Ambroise, et elle me regarde d'un air si pénétré! Oh! calme-toi, ma bonne mère, si tes regrets ne portent que sur moi.

Cet homme me déplaît beaucoup, et je sens combien je suis injuste à son égard. Que doit voir ici un être indifférent, étranger à notre situation, à nos peines, qui même ne nous connaît pas? Une terre qui est en vente, qui peut lui convenir, et qu'il est intéressé à bien connaître. Il me semble que je lui dois une espèce de réparation. Je sors, je le suis à quelque distance; je voudrais qu'il me parlât; je lui ferais tout voir; je répondrais à toutes ses questions.

Ambroise l'arrête à la porte de mon

petit bosquet, de mon petit bosquet, qui déjà peut-être ne m'appartient plus; il parle avec chaleur. Je me glisse derrière cette haie de seringat, que tu connais ; j'arrive sans être vue. « Ah! monsieur, « disait Ambroise, le chagrin le plus « cuisant pour mademoiselle sera d'être « privée de cette petite retraite qu'elle « se plaisait à embellir. — Idées roma- « nesques ! on supporte tout, on se con- « sole de tout. » Claire, cet homme-là n'a pas d'enfans.

Je le précède, je vais m'asseoir sous mon marronier : un cœur froid ne doit pas en approcher. Mon air réservé en éloignera cet homme. Hé ! mon Dieu, il ne voit ni moi, ni l'arbre chéri. Hélas ! les circonstances seules me le rendent précieux. Les autres sont-ils obligés de voir, de sentir comme moi ?

Il ne fait que passer. Ambroise le conduit du côté de la ferme, et je reste là. Je regarde ce chiffre d'amour, qui devait croître sous nos yeux, et nous rappeler jusque sous les glaces de la vieillesse le charme délirant de nos premières années. C'est aujourd'hui un chiffre de deuil.

Je donne des larmes à cette idée. Sur quoi n'en répandrai-je pas ? Tout ici fut vie et bonheur ; il ne reste du passé que des souvenirs, qui rendent le présent affreux.

Je me lève, je salue ce chiffre avec un respect religieux ; je m'éloigne à pas lents. Je retourne auprès de ma mère éplorée. Madame Rigaud est avec elle. On est venu aussi voir ses herbages. Elle n'a pu soutenir les froids calculs qui ont été faits en sa présence. Elle s'est éloignée de cette maison, où son mari, où ses ancêtres sont nés, où elle a vécu heureuse vingt ans, et d'où elle est expulsée comme nous.

Ambroise nous ramène ce monsieur, qui a tout examiné, qui trouve tout bien, et qui déclare que nous pouvons regarder notre terre comme vendue. A ces mots, ma bonne mère me prend dans ses bras, ses plaintes éclatent, ses larmes coulent en abondance. Te le dirai-je, Claire? je ne regrette que mon marronier. Si je pouvais l'emporter avec moi, je croirais n'avoir rien perdu.

Hé! pourquoi ne l'emporterais-je pas? Il me vient une pensée que peut seul donner l'amour malheureux, et pourtant consolateur. Je retourne au bosquet, armée d'un instrument tranchant. Ma main frémit, en s'approchant de l'écorce révérée, qui doit la vie à Jules, et à qui l'infortune va l'ôter. J'ai tracé un cercle autour du chiffre.... C'est tout ce que je puis.

Tremblante, irrésolue, je m'assieds sur ce banc.... C'est ici, me disais-je, que cent fois sa bouche et la mienne ont répété *amour et bonheur*. C'est ici que nos mains se pressaient; qu'un bras amoureux s'arrondissait autour de l'objet des plus tendres affections; que nous nous regardions des heures entières, que nous nous entendions, sans nous rien dire. Non, non, *il ne reste du passé que des souvenirs qui rendent le présent affreux.*

J'emporterai ce banc avec le marronier. Il ne sera point profané par le désœuvrement, la frivolité, l'indifférence. Oui, je l'emporterai. Je vais chercher Ambroise, je lui fais prendre une hache.... Une hache! je frissonne en regardant cet instrument de destruction.

Je lui montre le chiffre. Je lui présente mon couteau. Le bonhomme m'a comprise : sous sa bure, il y a un cœur.

Il suit le cercle irrégulier que j'ai à peine marqué. Je tremble qu'il brise ce chiffre, mon dernier trésor, mon unique espoir.... Je suis sûre que ma physionomie peint chacun de ses mouvemens. Je le seconde de mes vœux ; je retiens mon haleine; j'étends mon mouchoir sous la main destructrice et pourtant secourable; je crains de perdre une parcelle de l'arbre chéri.

Encore un coup.... encore un, Ambroise.... Ah!.... ah! le voilà ce chiffre tant désiré! il est entier; il est dans mes mains; il est sur mon cœur; il semble lui donner une nouvelle vie.

J'ai donné le signal. La hache est levée. Le premier coup retentit déjà à mon oreille; il pénètre au fond de mon cœur. Frêle arbrisseau, naguère plein de vie, de fraîcheur, et maintenant étendu sur la poussière! ainsi tombera ton Adèle sous le poids des privations et de la douleur.

La terre est ouverte. Un œil scrutateur y cherche les racines jusques au moindre filament. L'arbre est divisé en mille parties; le banc a volé en éclats; tout est recueilli, placé sur des nattes soigneusement arrangées. Je tiens mon petit rateau.... J'agite légèrement la superficie du terrein, et lorsqu'à force de recherches, j'ai découvert, ramassé un brin du bois précieux, je crois avoir fait une conquête.

J'envoie chercher au château une large feuille de tôle. Ici va commencer une bien triste jouissance. Le feu jaillit de la pierre; la flamme pétille. Elle se communique des parcelles du banc à celles de l'arbre, qui sue encore la vie. Ce qui vient de se consumer est remplacé à l'instant. Peu-à-peu, tout a brûlé, tout a disparu. Il ne reste que des cendres embrasées, image de mon cœur. Elles vont refroidir; il refroidira comme elles; il reposera enfin dans le calme et la nuit du tombeau.

J'ai pris avec moi un sac, dont le dessin a été tracé par Jules. Ici, tout est encore lui, tout doit être lui, rien que lui. J'y enserre les cendres sacrées. Je les dispute au vent, qui quelquefois m'en enlève, en disperse des parties. Ainsi l'infortune nous a séparés ; ainsi cette masse de sensations, qui nous était commune, n'est plus qu'un sentiment isolé, sans rapports, auquel rien ne saurait plus répondre.

Quand nous serons dans les Pyrénées, je prendrai un gland. Placé au milieu de ces cendres, je le confierai à la terre. Il croîtra, et ce sera encore Jules.

Je remets ce paquet à Jeannette. J'y joins une longue lettre pour le bien-aimé. Ah ! qu'il m'écrive, qu'il m'écrive tous les jours.

CHAPITRE X.

L'entrevue.

Une lettre de toi, Claire, et je n'en reçois pas de Jules! Et tu ne le verras pas de quatre jours! Et tu me dis cela avec une légèreté qui me confond. Je trouve dans tes pensées une sorte de piquant, de gaîté, qui me paraît déplacée dans les circonstances où je suis. Il y a dans tes expressions quelque chose d'énigmatique qui exerce ma patience, et que je ne pénètre pas. Seulement je crois entendre que le bien-aimé a emprunté de l'argent à M. de Villers, et qu'il va l'employer utilement. Comment se fait-il que son oncle, qui aime le faste, qui a sur lui les vues les plus élevées, le réduise à emprunter? M. d'Estouville doit applaudir à l'usage estimable que Jules, si je t'ai bien comprise, veut faire de cet argent. Pourquoi ne lui pas fournir abondamment les moyens de mériter l'estime et la considération, sans lesquelles l'opulence n'est rien ?

La dernière partie de ta lettre obscurcit le vague dans lequel tu m'as jetée. M. d'Estouville ne donne pas d'argent à son neveu ; mais il acquitte à l'instant, et sans réflexions, tous les mémoires qu'on lui présente. N'est-il pas évident que Jules peut faire tout le bien que désirera sa belle âme, sans avoir d'or dans sa poche ? Pourquoi donc emprunter à ton mari ? Il n'aime pas le jeu, et je suis sûre de son cœur comme du mien. Que veut-il faire de cet argent ? Je m'y perds.

Ah! Claire, Claire! tu insultes au malheur. Demain, dis-tu, ma douleur se calmera, ma jolie petite figure se dilatera, mon cœur battra de joie!... Ta raison serait-elle altérée? Quel malheur pour toi et ton tendre époux! Quel bonheur pour moi si je perdais la mienne!... Je ne souffrirais plus.

Un homme arrive à grande course de cheval à la grille du château. Son postillon est à cinq cents pas au moins derrière lui. Il est couvert de poussière; il m'est impossible de distinguer la couleur de son habit. Pourquoi tant d'empressement? Quel nouveau désastre vient-on nous annoncer encore?

Il peut à peine descendre de cheval; il marche avec difficulté... On ne vole pas pour apporter une nouvelle affligeante. Serait-ce un ange consolateur qui vient fermer nos blessures? Je cours, je franchis l'escalier en une seconde... Dieu! grand Dieu! soutien du malheureux, reçois toutes mes bénédictions!...

Quelle scène! Que d'amertume, que

de bonheur, que de larmes douces et cruelles!... Oh! attends, Claire, attends que ma tête soit remise. Il m'est impossible de lier deux idées dans ce moment......
. . . .

Voilà donc ce que voulait empêcher son oncle! Tel est le digne emploi que Jules comptait faire de cet argent! Ah! Claire, l'infortuné en a ennobli l'usage. L'infortuné! ai-je dit; hé, que suis-je donc moi?

Où en étais-je?... Ah! je courais à la grille du château... Je rencontre maman; elle étend les bras; elle me ferme le passage. « Adèle, Adèle, n'avancez pas. » Elle a reconnu Jules.

Il m'a vue, il s'élance; il est aux pieds de ma mère; il étend une main vers moi. Je la prends; je la presse sur ma bouche, sur mon cœur; je tombe aux genoux de maman avec lui. Jeannette, Ambroise, Firmin, tous nos gens sont là, empressés, enchantés de revoir Jules, et nous ne les voyons pas. L'éclat est fait; ma mère veut en prévenir un plus grand. Elle nous relève, elle nous entraîne, elle s'enferme avec nous.

Elle a parlé long-temps à Jules. Il ne l'entendait pas, et je ne sais ce qu'elle a dit. Sans doute elle voulait lui faire sentir les suites que pouvait avoir pour elle et pour moi une démarche aussi imprudente. Elle a pris sa main; elle a essayé de l'emmener; je tenais l'autre; je la serrais de toutes mes forces; je ne l'aurais quittée qu'avec ma vie.

« Laissez-moi, laissez-moi, madame, « s'est enfin écrié Jules. Ce moment de « bonheur est le dernier que je puisse « espérer; ne me l'enviez pas, ne m'en « privez pas. » Je joins mes supplications aux siennes; maman s'attendrit; sa fermeté l'abandonne. Elle nous tire sur l'ottomane, sur cette ottomane où j'ai essuyé les larmes de mon père, où une fois déjà j'ai reçu son pardon. Elle s'assied entre nous deux. Une conversation vive, brûlante, sans ordre, commence aussitôt. Nos mains se cherchent; nos têtes se penchent l'une vers l'autre. Maman les relève, les éloigne... Oh! quelle soif j'avais d'un baiser! Il m'a été impossible de le cueillir.

Jeannette entre précipitamment, et crie : *M. de Méran.* Ma mère rougit, pâlit; mes jambes fléchissent sous moi. Jules me soutient et je sens un tremblement général qui agite son corps. « Je « suis perdue, nous dit maman. M. de « Méran croira que j'ai favorisé cette « entrevue ; il ne me le pardonnera jamais. M. le comte ignore peut-être, « reprend Jeannette, que M. de Cour- « celles est ici. Faites-le sortir, made- « moiselle, par le cabinet qui ouvre sur « le jardin. Voilà la clef de la petite « porte du parc. Qu'il fuie, qu'il se jette « dans la forêt; ne perdez pas un ins- « tant. »

Ma mère, terrifiée, oublie que c'est moi qui vais faciliter la retraite de Jules. Elle s'appuye sur le bras de Jeannette, et va au-devant de mon père. Et moi, troublée, éperdue, incapable de rien projeter, de rien prévoir, le cœur brisé de l'idée d'une soudaine séparation, je marche avec Jules ; je crois le conduire ; je ne distingue pas les objets ; un voile épais est étendu sur mes yeux. Je m'arrête ; je regarde autour de moi ; je cherche à savoir où je suis, à reconnaître le chemin qui conduit à cette porte qui va se fermer entre lui et moi.... Est-ce l'habitude, un mouvement machinal, ou l'amour qui nous a conduits là ? Nous sommes à l'endroit même où s'élevait ce marronier, dont il ne reste que les cendres ; nos pieds foulent la place où il a été consumé. Tous les souvenirs se réveillent à la fois. Passion, tourmens, félicité passagère, espérances anéanties, viennent ensemble nous assaillir. Nous sommes immobiles, muets, mais brûlans. Il a un bras passé autour de mon cou; nos corps unis, pressés, semblent n'en faire plus qu'un ; je sens son cœur battre avec violence ; ses yeux dardent tous les feux de l'amour. Je ne me possède plus. C'est moi qui cherche ses lèvres, qui y attache les miennes, qui les en éloigne pour les y rattacher avec plus de force et de volupté. Déjà cent baisers sont donnés et reçus. Bientôt ils sont innombrables ; nous voulons épuiser en un instant tout le bonheur qui devait se répandre par intervalles sur le reste de notre vie. Une épingle se détache ; mon fichu s'entrouvre ; ce ne sont plus mes lèvres que cherche le bien-aimé. Il dévore mon sein ; il m'embrase de mille feux inconnus, et que je ne peux plus combattre. « Achève ; « lui dis-je. Je veux acquitter enfin « toutes les dettes de l'amour. »

Oui, Claire, ma langue a articulé ces

paroles affreuses; mon cœur les confirmait, et j'attendais ma défaite absolue au sein des délices les plus ravissantes, et qui pourtant me semblaient incomplètes. Magnanimité, triomphe de mon amant, de l'honneur, de la vertu, je ne vous oublierai jamais, et jamais je ne penserai à ce moment fatal sans bénir le plus respectable des hommes. Il a entendu mon vœu sacrilége; il a frémi, et de la crainte de succomber, et de la violence qu'il se faisait à lui-même. L'extrême danger lui a rendu le jugement et la raison. Il s'est dégagé de mes bras; il m'a arraché la clef de la petite porte du parc; il s'est éloigné à grands pas; il m'a laissée mourante de honte, de douleur et de désirs.

Ne se possédant plus, délirant, hors de toute mesure, le malheureux marche au hasard; il ne voit pas plus que moi; comme moi, il est incapable de lier deux pensées. Immobile à la place où il m'a quittée, mon cœur vole sur ses pas; je le suis des yeux à travers les arbres, qui me le dérobent par intervalles.... Que va-t-il faire, grand Dieu ! Il s'égare, il reprend le chemin du château, il va se faire voir à mon père, il va nous perdre tous. Je crie, je l'appelle, je m'élance après lui. Ah! Claire, je ne cherchais qu'un prétexte pour le revoir, lui parler, m'égarer de nouveau pour me repentir encore.

Bonheur inespéré ! Jeannette l'a aperçu ; elle accourt, elle lui prend la main; elle le conduit par des sentiers écartés et solitaires. C'en est donc fait ; il va disparaître pour jamais; je ne le verrai plus... Cette idée m'anéantit. Je m'arrête, je chancèle, je tombe sur le gazon. Je ne perds pas le sentiment; il me reste, pour me pénétrer du vide, de l'horreur de ma situation, de l'amertume qui va s'étendre sur toute ma vie, et en faire un long supplice.

Quelle voix vient frapper mon oreille?..
C'est celle de M. de Méran ! Il est furieux,
il se dit outragé, le mot *séducteur* lui
échappe. Jules répond avec fermeté.
Mon Dieu, mon Dieu, prévenez les
malheurs que je prévois. Je me lève, je
cours, je me jette entre mon père et
mon amant.

Claire, M. de Méran n'est pas entré
au château. Las d'être enfermé dans une
voiture, il a fait quelques tours de jardin avec maman, et sans s'en apercevoir
peut-être, ils ont pris ces sentiers que
l'escarpement du terrein rend difficiles,
et qui ne sont pas fréquentés. Peut-être
aussi ont-ils voulu parler de leurs affaires
et n'être entendus de personne. Maman,
qui croyait Jules sorti du parc, n'a pas
prononcé son nom, et ce qu'elle redoutait tant est arrivé. Mon père l'a crue
d'intelligence avec nous; il l'a accablée
de toute son indignation. Ma malheu-

reuse mère fondait en larmes, quand je suis arrivée.

Ah! je me dois cette justice, Claire, que la nature l'a emporté sur l'amour, et lui a même imposé silence. Je n'ai vu que ma mère, ma mère souffrante, et pour moi. Cet aspect m'a donné un courage dont je ne me croyais pas capable. Cette enfant, toujours tremblante au moindre signe d'improbation de son père, lui a parlé avec l'énergie de l'âge mûr. « Monsieur, lui ai-je dit, Jules est
« arrivé ici sans en avoir prévenu per-
« sonne. Maman a fait tout ce qui était
« en son pouvoir pour l'empêcher d'en-
« trer au château. L'amour, la résistance
« de Jules ne lui ont bientôt laissé d'au-
« tre ressource que de se placer entre
« lui et moi. C'est en sa présence que se
« sont parlé deux infortunés que vous
« avez unis, et que vous voulez séparer,
« comme si nos cœurs pouvaient chan-

« ger à un commandement tyrannique,
« et par des circonstances qui leur sont
« indifférentes. »

Claire, j'ai vu le moment où l'autorité paternelle, où l'orgueil blessés ne garderaient aucune mesure. M. de Méran a levé la main sur moi. Maman a jeté un cri. Je me suis avancée au-devant du coup. J'aurais voulu qu'il m'écrasât sur la place. Ce bras menaçant est retombé, et j'ai continué de parler.

« Maman a fait sentir à M. de Cour-
« celles combien sa démarche est impru-
« dente, et à quel point elle pouvait
« nous compromettre tous trois. Elle l'a
« pressé de se retirer ; il a obéi. Il devait
« être sorti du parc, quand vous y êtes
« entré, et ma mère s'est conduite en
« femme prudente, en voulant vous
« dérober les derniers adieux de deux
« êtres que vous réduisez au désespoir.

« Vous avez traité Jules de séducteur !
« Il n'y en a pas d'autres ici que la jeu-

« nesse, l'amour, et l'ordre de nous ai-
« mer que nous avons reçu de vous.
« Mais tous ces moyens de séduction
« n'influent en rien sur la vertu de
« M. de Courcelles. La sienne est pure
« et entière ; il vient de m'en donner la
« marque la plus certaine. Je l'en re-
« mercie, je l'en estime, je l'en honore
« davantage, et je lui jure, devant le ciel
« et devant vous, qu'à l'avenir je serai
« digne,' lui ; mais qu'aucune puissance
« ne m'empêchera de l'adorer, et qu'il
« aura mon dernier soupir. »

Cette fois, Claire, le coup est parti
avec une telle promptitude, que personne n'a pu le prévenir. Il m'a renver-
sée ; une dent de mon peigne est entrée
dans la chair ; le sang a coulé sur mon
visage. Jules s'est précipité sur moi.
« Tout autre que vous, a-t-il dit à M. de
« Méran, paierait de sa vie cet acte d'une
« atroce violence. » Mon père l'a saisi
par le bras. « Marchons, monsieur, mar-

« chons. » Ils s'éloignaient à grands pas. Je me suis relevée ; j'ai couru. « Jules, « après avoir fait le plus grand des ef- « forts, après avoir respecté la fille, « vous armerez-vous contre le père ? « Eloignez-vous ; sortez à l'instant, je « vous l'ordonne. Si vous balancez, je « rétracte le serment que je viens de « prononcer. »

Maman me suivait, éplorée, suppliante, s'adressant tantôt à Jules, tantôt à M. de Méran. Jeannette, cachée depuis le moment où elle l'avait entrevu, est venue aussi se jeter entr'eux. Je tenais mon père dans mes bras. Il les eût plutôt rompus que détachés. Ses yeux se sont portés sur moi. Partout j'avais du sang. Il a pâli ; j'ai senti ses jambes chanceler. Il est tombé, sans que j'aie pu le retenir. Il s'est évanoui.

Nous l'avons pris, nous l'avons porté... Nos forces ont été bientôt épuisées ; nous l'avons déposé sur l'herbe ; il est revenu à lui. C'est moi qu'il a cherchée aussitôt. « Ma fille, je vous demande pardon : » voilà les premiers mots qu'il a prononcés. Ils ont déchiré mon cœur.

Un père demander pardon à sa fille, qui lui désobéit, qui le brave! Rien au monde ne peut résister à cela, puisque l'amour lui-même en est incapable. Ton amie, soumise et repentante, s'est jetée entre les bras de son père. « Ordonnez, « lui ai-je dit, je vous obéirai. » Il m'a embrassée avec une tendresse que je ne méritais pas, et qui m'a confondue. Jules et moi nous marchions à côté de lui, les yeux baissés, le cœur palpitant de crainte : nous attendions notre arrêt.

« Mes enfans, j'ai tout fait pour votre
« bonheur, vous ne l'ignorez pas. Il m'en
« coûte ce qui me restait de fortune, et
« vous pouvez me consoler de cette
« perte en vous résignant comme moi.
« Jules, ma fille ne possède plus rien,
« et vous n'avez d'espérances que dans

« les bontés de votre oncle. Je serais
« votre ennemi, si je me plaçais entre
« vous et lui. Qu'y gagnerais-je d'ail-
« leurs? Marier deux jeunes gens à qui,
« lorsque le bandeau de l'amour sera
« tombé, il ne restera que la misère, et
« qui peut-être auront la faiblesse de ne
« savoir pas la supporter, serait un acte
« de démence. Faire une nouvelle démar-
« che auprès de M. d'Estouville, qui re-
« pousse, qui rejette Adèle, serait une
« bassesse. Il ne me reste que l'honneur.
« Je le conserverai... Jules, il est inutile
« que vous m'interrompiez. Je sais tout
« ce que vous pouvez me dire sur la
« durée d'une première passion, sur les
« douceurs d'une union assortie; je pres-
« sens les privations auxquelles vous
« voulez vous soumettre ; je connais
« les sermens que vous allez prononcer
« de la meilleure foi du monde. J'en ai
« fait de semblables à vingt ans; le sou-
« venir même s'en est perdu avec le

« sentiment qui les avait provoqués. Ma
« chère enfant, ordonnez, venez-vous
« de dire, et je vous obéirai. Je n'or-
« donnerai pas; je prierai. — Mon père,
« mon digne père! — Promets-moi,
« Adèle, je t'en conjure pour nous tous,
« de cesser à jamais une correspon-
« dance qui entretient un amour qui ne
« peut plus faire que votre malheur à
« tous deux. Faites-moi la même pro-
« messe, vous que j'avais nommé mon
« fils, et sur qui je dois avoir conservé
« quelques droits. Jurez-moi de ménager
« le repos de ma fille, celui de sa mère
« et le mien. Je sais combien il doit vous
« paraître dur en ce moment de vous
« rendre à mes prières. Mais, mes en-
« fans, la vertu, la raison, le temps
« surtout sont de grands maîtres. Vous
« ne connaissez pas leur puissance; vous
« l'éprouverez un jour, et vous sentirez
« l'un et l'autre que la conduite que je
« tiens en ce moment est dans votre

« intérêt personnel, et qu'elle m'est tra-
« cée par ma tendresse, la prudence et
« la délicatesse. »

« Monsieur, a repris Jules avec une
« extrême véhémence, je ne sais pas
« résister à un père qui prie. Je m'éle-
« verai jusqu'à vous, par le plus grand
« effort de vertu que puisse faire un
« homme dans la position où je me
« trouve. Je jure de ne plus écrire à
« mademoiselle; mais je jure en même
« temps de refuser tous les partis que
« me proposera mon oncle ; d'attendre
« le terme que lui a fixé la nature pour
« revenir offrir à Adèle, si elle est libre
« encore, une fortune, un état et tout
« mon être. Souvenez-vous, made-
« moiselle, que je m'engage seul, et que
« je ne vous demande rien. Vous ne me
« devez pas de sacrifices, et je ne me
« plaindrai jamais de vous voir accepter
« un parti digne de vos qualités, de vos

« talens et de vos charmes. M. de Mé-
« ran, êtes-vous satisfait ? »

Mon père l'a pressé sur son cœur avec une force de sentiment, dont je ne peux te donner d'idée. Confondue, humiliée d'une noblesse de procédés, que je me sentais incapable d'imiter, je me taisais. Je cherchais dans mon cœur de nouveaux moyens à opposer à mon père et à Jules lui-même, lorsque Firmin est venu nous apporter une lettre.

Elle est de M. d'Estouville. Il ne doute pas que son neveu soit avec nous; mais il connaît assez mon père pour croire qu'il le renverra à l'instant. Il compte assez sur ma prudence pour être persuadé que je ne chercherai point à entretenir un sentiment, qui ne peut avoir *de résultat heureux*, et qui, devenu public enfin, à force d'imprudences, nuirait à ma réputation et à mon établissement.

Oui, Claire, il est certain que M. d'Estouville me rejette, et j'ai donné à mon amour-propre blessé ce que j'allais peut-être refuser à la grandeur de l'exemple et à mon père suppliant. Je me suis hâtée de répéter les propres paroles de Jules ; je sentais qu'un instant plus tard je ne le pourrais plus.

Hélas! cet enthousiasme de vertu n'a duré qu'un moment. Force, courage, volonté même, tout s'est évanoui lorsqu'il a fallu nous séparer. Séparation cruelle, dont une fois déjà nous avions supporté les douleurs, et qui allait être suivie d'une privation nouvelle ! Plus de lettres ! Plus de moyens de verser dans le sein l'un de l'autre les accens plaintifs de l'amour malheureux ! Le désespoir se peignait dans les yeux de Jules. Il s'éloignait, et je sentais ma vie s'en aller avec lui. Il revenait, et je croyais renaître. Le malheureux est enfin tombé à mes pieds. Il en a baisé la poussière ; il a baisé le bas de ma robe. Il m'a dérangée de la place que j'occupais ; il a arraché l'herbe que je venais de fouler ; il l'a enfermée dans son sein. Ma mère fondait en larmes ; M. de Méran cherchait à nous cacher les siennes. Mes yeux étaient secs ; mais l'enfer était dans mon cœur. « Embrassez-vous, a « dit mon père, en laissant échapper « des sanglots, qu'il ne pouvait plus « contenir, embrassez-vous pour la « dernière fois, et souvenez-vous de « vos promesses. Non, s'est écrié Jules, « si je la touche, je ne partirai pas. » Et se tournant avec vivacité, il s'est éloigné à grands pas. Je le regardais les bras étendus vers lui. J'attendais qu'il se retournât pour lui faire un dernier signe d'amour.... Il a disparu ; j'ai entendu la porte fatale crier sur ses gonds ; elle a brisé mon cœur.

Nous retournions au château sans nous regarder, sans nous parler. Chacun était courbé sous sa portion de douleur. Ce que je souffrais, moi, est inexprimable. Comment une frêle créature ne succombe-t-elle pas sous cet excès d'affliction? La mort, ce dernier refuge des infortunés, serait-elle donc un bienfait, puisque je l'invoquais en vain? Oh! que la vie m'était à charge! que j'étais lasse de la traîner, quand une consolation, que j'étais loin d'espérer, me l'a rendue supportable.

M. et madame Méran marchaient devant moi. Je les suivais machinalement, appuyée sur le bras de ma bonne Jeannette. « Calmez-vous, mademoiselle,
« calmez-vous, m'a dit l'excellente fille.
« Lorsque je conduisais M. Jules à la
« petite porte du parc, il m'a remis quel-
« que chose qui vous fera un grand plai-
« sir. — Qu'est-ce, Jeannette, qu'est-ce,
« ma bonne amie? — Une lettre et son
« portrait. — Une lettre! son portrait,
« dis-tu! Donne, Jeannette, donne

« donc. — Attendez, mademoiselle :
« monsieur ou madame peut se tour-
« ner, découvrir notre intelligence, et
« je ne saurais plus vous être utile. —
« Tu ne peux plus rien pour moi : nous
« avons promis de cesser de nous écrire.
— Tient-on ces promesses-là, made-
« moiselle? — Jules tiendra la sienne,
« je le connais, et je tâcherai de l'imi-
« ter.... Hâtons-nous donc. Tout-à-
« l'heure je mourais de douleur ; je
« meurs maintenant d'impatience. » Toujours dans des positions extrêmes ! Je
ne les soutiendrai pas long-temps.

Nous nous sommes jetées dans une
contr'allée. Je ne marchais plus, je vo-
lais, et pourtant j'étais bien faible. En
entrant dans ma chambre, j'ai perdu ce
qui me restait de forces; il a fallu me
mettre au lit.

C'est là que j'ai reçu des mains de Jeannette les tristes et dernières marques que
le malheureux me donnera de son amour.

Quelle lettre! Ah! Claire, il l'avait écrite dans l'incertitude où il était de pouvoir m'approcher. Mais ce portrait!... il est vivant. Quel peintre a donc pu rendre la grâce et l'expression de cette figure-là? Où a-t-il trouvé ces regards de flamme que Jules n'a encore adressés qu'à moi?... Ah! quand on l'a peint, il était tout à son Adèle; il croyait la voir, lui parler.

Ce portrait a calmé mon cœur; il m'a fait retrouver des larmes; il m'a soulagée. Je l'ai couvert des plus tendres baisers. Froide illusion qui me rappelait des transports divins, déjà bien loin de moi, et qui cependant n'était pas sans quelque charme!

Ma mère est entrée. Elle m'a perdue de vue dans le parc, en parlant avec mon père des moyens de me distraire de mes peines. Celui qui leur a paru le plus prompt et le plus sûr est de m'éloigner sans délai de cette terre, qui est vendue, et où je suis poursuivie de souvenirs déchirans. Ah ! quittons-la, puisque je n'y dois plus revoir celui qui animait et embellissait tout. J'emporterai avec moi ses lettres, son portrait, et mes cendres : je ne laisserai ici qu'un désert.

www.ingramcontent.com/pod-product-compliance
Lightning Source LLC
Chambersburg PA
CBHW050336170426
43200CB00009BA/1609